스토리텔링 가치토론 교과서 06

어린이를 위한
미디어란 무엇인가

제성은 글 | 한지선 그림

주니어김영사

작가의 말

디지털 원주민 세대의 슬기로운 미디어 활용법

여러분은 '디지털 원주민'이라는 말을 들어 보았나요? 디지털 원주민은 태어나면서부터 디지털 기기를 자연스럽게 접해서 자유자재로 사용하는 세대를 말해요. 바로 여러분을 가리키는 말이기도 하지요. 이렇게 디지털 환경에서 자란 여러분에게 미디어는 떼려야 뗄 수 없는 관계일 거예요.

얼마 전에 요즘 초등학생이 조별 숙제를 하는 방법에 대해 들었어요. 스마트폰 단톡방에서 각자의 역할을 나누고, 맡은 정보를 유튜브 등을 통해 검색해 공유한다고 하더라고요. 이런 변화는 다 미디어 덕분이에요. 미디어는 어떤 작용을 중간에서 전달하는 내용과 수단인데, 시대에 따라 계속 변하고 있답니다. 우편이나 신문, 잡지, 텔레비전, 만화책보다는 소셜 네트워크 서비스(SNS)나 유튜브를 이용하고, 웹툰을 보는 시대로 변한 것처럼 말입니다.

여러분은 매일 스마트폰을 통해 웹툰이나 웹 소설, 광고, 뮤직비디오 등 다양한 콘텐츠를 만나고 있지요? 이뿐만 아니라 유튜브와 메신저, 인

스타그램, 페이스북, 트위터 등을 통해 친구들과 소통하고, 콘텐츠를 직접 만들어 올리고, 정보를 공유하면서 미디어의 다양한 장점을 누리고 있을 거예요.

《어린이를 위한 미디어란 무엇인가》에 등장하는 아주와 예솔이, 한솔이도 여러분과 마찬가지랍니다. 세 친구는 무명 배우인 나강해 삼촌을 돕기 위해 미디어를 적극적으로 활용하고 있어요. 동화 속 친구들은 각 미디어를 통해 다양한 즐거움을 경험하고, 그것을 즐겁게 사용합니다. 하지만 미디어로 인해 발생하는 좋지 않은 사건들도 함께 경험하게 되지요. 우리도 실생활에서 비슷한 일을 경험할 수 있어요. 단톡방에서의 따돌림, 악성 댓글, 개인 정보 유출 등과 같은 일 말이에요. 동화 속에 나타난 다양한 미디어의 속성과, 세 친구가 미디어를 긍정적으로 활용하는 모습을 보면서 여러분도 미디어를 지혜롭고 슬기롭게 즐기고 활용할 수 있기를 기대해 봅니다.

정성은

등장인물

 아주네 가족

나강해 (29세, 본명 정정봉)

무명 배우로, 정아주의 막내 삼촌인데 절대 이십 대로는 보이지 않는 완벽한 노안이다. '나강해'라는 예명으로 텔레비전 오디션 프로그램인 〈내일은 내가 주인공〉에 출연하고 있다.

정아주 (11세)

나강해의 조카로, 1호 팬이자 팬클럽 회장이다. 똘똘하고 추진력이 있으며, 스마트폰과 유튜브에 관심이 많다.

나강혜 (71세)

텔레비전 마니아인 정아주의 할머니. 건강 프로그램과 트로트 프로그램 애청자로, 텔레비전에 나오는 건강식품은 대부분 구입한다.

정현석(44세)

정아주의 아빠. 삐삐로 소통하던 X세대여서 종종 아날로그 감성을 그리워한다. 그래서인지 뉴트로를 좋아한다.

한아름(38세)

정아주의 엄마. 아주 아빠와 피시 통신 동호회에서 만나 결혼했으며, 아날로그와 디지털이 만난 '디지털 유목민' 세대이다.

고예솔(11세)

아이돌 '블루트레인'의 광팬이자 나강해의 2호 팬. 정아주의 짝꿍으로, 작은 일에도 몹시 흥분하는 스타일이다.

고한솔(11세)

고예솔과 이란성 쌍둥이이며 웹툰 마니아. 정아주와 고예솔의 뒤를 이어 나강해의 3호 팬이다. 남의 일에 자기가 더 흥분한다.

차례

작가의 말 · 4
등장인물 · 6

응답하라 뉴미디어 · 10
우리가 매일 만나고 있는 미디어 세상 · 20

텔레비전에 삼촌이 나왔으면 정말 좋겠네! · 22
온 가족을 한곳에 모으는 텔레비전 · 38

박사 캐릭터에는 삼촌이 딱 맞지! · 42
클릭하고 스크롤하며 보는 웹툰 · 60

60초 후에 계속됩니다 · 62
소비자를 설득하는 미디어의 꽃, 광고 · 80

악마의 편집을 당하다니! · 84
듣는 노래를 보는 노래로 바꾼 뮤직비디오 · 100

삼촌 부활 프로젝트 · 102
SNS로 소통하며 정보를 나누는 세상 · 112

'구독'과 '좋아요'는 필수 · 116
나를 방송하는 유튜브 · 132

응답하라 뉴미디어

일요일 오후, 아주네 가족은 한가로운 시간을 보내고 있었다. 아주 아빠는 유튜브로 주식 공부를 하고, 아주 엄마는 인터넷 커뮤니티 활동을 하고 있었다. 아주 할머니는 트로트 가수들이 나온 텔레비전 프로그램의 재방송을 보고 있었다.

"톡, 톡, 톡."

아주의 스마트폰에 알림음이 연이어 울렸다.

"뭐야?"

엄마가 아주를 보다가 스마트폰 쪽으로 고개를 쭉 뺐다.

"다음 주에 우리 반 애들끼리 롤러장 가자고 단톡방에서 약속 잡고 있어."

아빠가 컴퓨터 마우스를 탁 내려놓으면서 말했다.

"아빠가 데려다줄까? 그 참에 아빠도 롤러스케이트 좀 타고. 추억이다, 롤러장!"

"친구들이랑 놀 거라니까."

"아주야, 너 롤러장 어떻게 가는 줄이나 알아?"

"아빠도 참. 나한텐 얘가 있잖아!"

아주는 한 손으로 스마트폰을 들어 보였다.

"스마트폰으로 지도 보고 찾아가면 되잖아. 이거 있으면 버스 오는 시간도 알 수 있어. 시간이 얼마나 걸리는지도 알려 주잖아. 혹시 길이 어긋나면 친구한테 톡 보내면 돼."

아빠는 고개를 설레설레 흔들며 말했다.

"우아, 초등학생이 대단하다. 나 때는 말이야. 약속 장소 찾으려면 지도 쫙 펼치고 그랬어. 그뿐이게? 친구가 늦게 오면 공중전화로 빨리 오라고 '828255'라고 삐삐도 쳤어."

아빠는 옛 생각에 잠긴 듯한 표정을 지으며 말했다.

"아빠, 828255가 뭐야?"

아주가 고개를 갸웃거리며 묻자, 아빠는 기다렸다는 듯 신나게 대답해 주었다.

"828255는 말 그대로 빨리빨리(8282) 오라(55)는 뜻이야!"

"으악! 아빠가 그래서 라떼족이라는 소리를 듣는 거야!"

아주가 고개를 절레절레 흔들자, 옆에 있던 엄마도 아빠를 놀리듯 말했다.

"어머, 당신은 삐삐치던 세대구나! 생각해 보니까 나랑도 세대 차이가 많이 나네?"

"겨우 삐삐 가지고? 몇 살이나 차이 난다고."

"난 삐삐 몰라. 그게 뭐래?"

아주 엄마는 아빠를 계속 놀렸다. 옆에 있던 할머니가 가소롭다는 듯 코웃음을 쳤다.

"얘들아, 너희 내 앞에서 주름잡는 거니?"

이번에는 아주가 장난스럽게 할머니를 놀렸다.

"할머니는 횃불 같은 걸로 사람들이랑 연락했죠?"

할머니는 한술 더 떠서 이렇게 말했다.

"횃불만 들었게? 동굴 벽화 그리고 살았다, 왜!"

할머니의 너스레 때문에 아주네 가족 모두 배를 잡고 웃어 댔다.

그때였다. 아주의 삼촌이 트레이드 마크인 턱수염이 덥수룩한 모습으로 한 손에는 면도기를, 다른 한 손에는 대본을 들고 거실로 걸어 나왔다.

"가족 여러분! 제가 내일 촬영하러 가잖아요! 제 연기 좀 봐주시겠어요?"

"이번엔 제대로 나오는 거야?"

할머니는 못마땅하다는 듯 혀를 끌끌 차면서도 텔레비전을 끄고 삼촌을 바라보았다.

"아, 엄마! 이번에 내가 주인공 하동필의 고향 친구라니까요! 하동필이 망해서 고향으로 돌아온대요. 무대가 고향으로 옮겨지니까 고향 친구가 계속 나오지 않겠어요?"

삼촌은 오랜만에 어깨를 쭉 펴면서 연기를 시작했다.

"동필아, 너 하와이 간다더니 언제 고향으로 돌아온 거여?"

가족들 모두 삼촌이 사투리를 쓰며 능청스럽게 연기하는 모습을 보고 킬킬대며 웃었다.

"어때요?"

삼촌이 가족들을 보면서 물었다. 할머니는 박수를 쳤다.

"우리 아들! 연기는 참 잘해. 근데 그놈의 수염 좀 깎으면 인물이 더 살 텐데."

"그래서 결심했습니다. 순박한 역할이랑도 좀 안 어울리는 것 같아서 이 수염 싹 밀어 버릴 겁니다!"

할머니가 또 박수를 치며 말했다.

"맞다, 맞아! 수염이 잘생긴 우리 아들 얼굴을 가려서 일이 잘 안 풀린 거라니까!"

할머니의 말씀에 아주 엄마와 아빠가 잠시 서로 빤히 쳐다보다 배꼽을 잡고 마구 웃었다.

"왜 웃니? 우리 정봉이가 아기 때 분유 광고에도 나간 애야. 귀티 나는 우량아였다고!"

"삼촌이 아직도 우량한 건 맞죠."

아주가 킬킬거리자 삼촌이 면도기를 아주의 코앞에 내밀었다.

"조카야, 너에게 내 수염을 밀 기회를 줄게. 내일 촬영하러 가려면 미리 준비해야지."

"내가?"

"그럼! 네가 삼촌의 1호 팬인데, 그 정도 팬 서비스는 해 줘야지."

줄곧 삼촌의 1호 팬이자 팬클럽 회장이라고 큰소리쳤던 아주는 얼떨떨한 표정으로 면도기를 받아 들었다.

"좀 떨리는데?"

모두가 지켜보는 가운데 아주가 삼촌의 턱수염의 반 정도를 밀었을 때였다. 삼촌의 스마트폰이 정신없이 울려 댔다.

"어? 조감독님이네."

삼촌은 스마트폰에 절이라도 할 듯이 깍듯하게 인사하면서 전화를 받았다.

"여보세요! 안녕하십니까, 감독님."

조감독과 통화하던 삼촌의 표정이 점점 어두워졌다. 급기야 전화를 끊을 즈음에는 좀비처럼 퀭한 얼굴이 되었다. 전화를 끊은 삼촌은 나라 잃은 듯한 표정으로 소파에 주저앉았다.

"무슨 일인데 그래?"

가족들이 삼촌 주위를 둘러싸자 삼촌은 마침내 입을 열었다.

"지금 인터넷 뉴스 좀 보세요."

아주와 가족들은 모두 각자의 스마트폰을 들었다. 그리고 포털 사이트의 연예 뉴스 면을 열고 놀라고 말았다.

뉴스 **연예·스포츠** 사회·경제

[단독] <네가 가라 고향으로> 조기 종영 확정

탤런트 하동필과 제작진이 의견 조율 과정에서 주먹다짐을 해 결국 드라마가 조기 종영 수순을 밟게 되었다. ……

○○뉴스 △△△기자

"정봉아, 이게 무슨 소리냐?"

할머니는 영문을 모르겠다는 듯이 삼촌을 쳐다보며 물었다.

"그러니까 조기 종영은 빨리 끝낸다는 거잖아. 그럼 삼촌 촬영은 어떻게 되는 거야?"

아주도 기사를 보고 삼촌에게 되물었다.

"오지 말래. 이번 주에 갑자기 주인공이 죽고 드라마가 끝난대."

가족들은 모두 황당하다는 듯 입을 벌렸다.

"주인공이 죽고 끝난다고?"

할머니는 애꿎은 아주의 손을 꽉 붙들었다.

"아니, 우리 아들이 나오면 점점 더 재밌어질 텐데. 대체 왜 조기 종영을 하냐!"

"드라마 인기가 없어서 그렇지요 뭐. 솔직히 말해서 정봉이가 나온다고 시청률이 크게 올라갈 것도 아니었어요. 이미 망해 가고 있었는데요 뭘."

아주 아빠는 눈치도 없이 바른말을 팍팍 했고, 할머니의 화를 불러일으키는 말들만 쏙쏙 골라 계속 말했다.

"나강혜의 막내아들 정정봉이 어디가 어때서!"

할머니는 화가 난 눈으로 아주 아빠를 노려보았다.

"아니, 그렇잖아요. 지금까지 정봉이가 하는 일마다 엉망으로 꼬였잖아요……."

아주 아빠는 억울하다는 듯 삼촌의 꼬인 배우 역사를 하나하나 읊었다.

"김정곤 주연 드라마에서 김정곤네 옆집 사는 총각으로 출연하려다가 그 배우 음주 운전해서 제작이 무산됐잖아요. 톱스타 유달희 주연 영화도 원래 단역으로 찍기로 했는데, 그 당시 잘 나가던 강우혁이 감독이랑 치고받고 싸워서 영화 자체가 엎어졌죠. 그뿐이에요?

연극할 때는 극단 단장이 제작비 가지고 사라지는 바람에 몇 회차 출연료도 다 뜯겼잖아요."

아주 삼촌은 고개를 푹 숙였다. 다 맞는 말이었다. 할머니와 엄마가 하는 편의점에서 아르바이트하면서 배우라는 꿈을 포기하지 않고 살았는데, 이번에는 정말 실망감이 커 보였다. 턱수염의 반을 밀어버린 후라서 더 울상으로 보였다.

"내 방에 아무도 들어오지 마……."

삼촌은 그 말을 남긴 채 다음 날 늦게까지 방에 콕 박혀 나오지 않았다.

쉬운 미디어 이야기 ①

우리가 매일 만나고 있는 미디어 세상

미디어, 넌 누구니?

우리는 일상생활에서 '미디어(media)'라는 말을 많이 사용해요. 그렇다면 미디어란 무슨 뜻일까요? 미디어는 '중간'이라는 뜻의 '미디엄(medium)'에서 비롯되었어요. 표준국어대사전에서는 미디어를 '어떤 작용을 한 쪽에서 다른 쪽으로 전달하는 역할을 하는 물체 또는 수단'이라고 정의하고 있어요. 즉, 미디어는 어떤 작용을 중간에서 전달하는 내용과 수단을 뜻하는 거예요. 신문이나 라디오, 텔레비전뿐만 아니라 우리가 매일 사용하는 스마트폰도 대표적인 미디어 중 하나랍니다.

일상생활에서 만나는 미디어

미디어는 어떻게 발달했을까?

미디어는 시대의 변화에 따라 계속 달라져요. 그렇다면 인류가 사용했던 최초의 미디어는 무엇일까요? 바로 우리의 생각을 표현할 수 있게 해준 '말'입니다. 하지만 말은 시간이 지나면 사라질 수도 있기 때문에 훗날까지 남길 수 없었어요. 그래서 말을 기록으로 남길 수 있는 수단인 '문자'가 생겨났지요. 그 후, 1500년대 중반 유럽에서는 인쇄 기술의 발달로 최초의 신문이 탄생해 먼 곳의 소식을 주고받을 수 있게 되었답니다.

전기 전자 시대로 들어서면서 라디오, 텔레비전 등의 미디어가 새롭게 생겨났고, 2007년에 스마트폰이 등장하면서 지금까지 겪은 적 없었던 '뉴미디어' 시대가 열렸어요. 과거의 미디어와 뉴미디어의 가장 큰 차이점은 '대화형 상호 작용'이 가능하다는 거예요. 예전에는 종이 사전을 들춰보아야 했던 것을 각종 포털 사이트의 사전을 검색해 알 수 있게 되었고, 나아가 포털 사이트의 사용자 참여형 백과사전(위키피디아, 지식인 등)을 통해 사용자가 지식을 직접 입력하는 형태의 미디어도 생겨났답니다. 이렇게 인터넷을 사용하는 누구나 데이터를 생산하고 공유할 수 있는, 사용자 중심의 인터넷 환경을 웹 2.0이라고 불러요. 요즘에는 웹 2.0을 넘어 웹 3.0 시대가 열렸는데, 컴퓨터가 사용자의 정보를 모아 필요한 정보를 편집한 후, 새로운 정보를 만드는 인공 지능 웹(맞춤형 웹)을 말해요.

❶ 옛날에는 신문과 라디오, 텔레비전, 전화, 인터넷 등과 같은 미디어가 없었어요. 이 시대에는 소식과 정보를 어떻게 전달할 수 있었을까요?

❷ 우리가 미래 시대에 사용하게 될 미디어에는 어떤 것이 있을지 예측해 볼까요?

텔레비전에 삼촌이 나왔으면 정말 좋겠네!

 월요일 아침이었다. 아주 아빠는 회사로, 아주 엄마는 편의점으로 출근했고 아주는 학교 갈 준비를 하고 있었다. 삼촌은 여전히 동굴에라도 들어간 듯 방에서 꼼짝도 안 했다. 할머니는 텔레비전 소리를 작게 줄여 놓고 보고 있었다. 그 모습을 본 아주는 속으로 이런 말을 했다.

 '할머니는 진짜 좋겠다.'

 할머니의 하루는 매일 비슷했다. 할머니는 일어나자마자 텔레비전을 켜고 애국가가 흘러나오는 걸 보면서 하루를 시작했다. 새벽 뉴스와 날씨 정보, 아침 드라마와 건강 정보 프로그램까지 보고 나면 어느덧 오전 10시가 되었다. 그러고 나서 할머니는 텔레비전에서 보고 산 건강 보조 식품들을 모두 챙겨 먹은 후 편의점으로 출근해 아주 엄마와 교대했다.

편의점에 출근해서도 할머니의 텔레비전 사랑은 멈출 줄 몰랐다. 손님이 오지 않을 때는 스마트폰으로 드라마를 다시 봤다. 저녁 시간에 집에 돌아와서는 드라마와 예능 프로그램을 봤고, 뉴스까지 보고 나면 잠자리에 들 시간이었다.

쉬는 날, 할머니의 텔레비전 사랑은 더 심해졌다. 본방송을 놓친 프로그램은 재방송으로 챙겨 보았고, 이미 본 프로그램도 재미있다며 또 보곤 했다. 그뿐만 아니라 인터넷으로 텔레비전 프로그램을 시청할 수 있는 오티티(Over The Top, 인터넷을 기반으로 한 동영상 서비스) 서비스로 원하는 프로그램을 골라 봤다. 누군가 텔레비전을 '바보상자'라고 불렀지만, 텔레비전은 할머니에게 가장 친한 친구이자 연인이었고, 대화 상대였다.

"여러분, 오늘은 초복입니다! 많이 더우시죠?"
텔레비전 속 사회자가 질문하면, 할머니는 곧바로 대답했다.
"그럼요, 숨만 쉬어도 땀이 뻘뻘 납니다!"
할머니는 드라마를 볼 때도 그랬다.
"당신답지 않게 왜 이래!"
남자 배우가 이렇게 말하면 다음 대사를 받아치기도 했다.

"도대체 나다운 게 뭔데?"

할머니는 직접 대본을 썼나 싶을 정도로 뒤에 나올 대사를 단박에 알아맞혔다. 그때마다 아주는 깜짝 놀라며 물었다.

"할머니는 어떻게 다음 대사를 정확하게 맞혀요?"

"그거야 많이 봤으니까 그렇지!"

"그럼 많이 봤는데 왜 텔레비전을 또 봐요?"

"심심하니까 그렇지."

"할머니랑 나랑 바꾸면 참 좋겠다. 난 학교도 가고, 학원도 가서

심심할 틈이 없어요. 나도 할머니처럼 텔레비전이랑 유튜브만 만날 보고 싶어요."

아주가 그렇게 말할 때마다 할머니는 바쁜 게 좋은 거라고 말하며 아주의 머리를 쓰다듬었다. 그러고 나서 할머니는 또다시 텔레비전 삼매경에 빠져 방청객처럼 반응했다. 아주는 할머니가 텔레비전에서 가장 보고 싶은 건 다름 아닌 삼촌이 나오는 프로그램일 거라고 생각했다.

월요일 아침, 아주네 교실은 다른 날보다 훨씬 소란스러웠다. 아주의 짝꿍이자 아이돌 가수 '블루트레인'의 열성 팬인 예솔이는 혼자 스마트폰을 보면서 낄낄대고 있었다.

"이번에는 누구냐?"

아주가 무심하게 물었다. 예솔이는 눈을 반짝이며 아주에게 스마트폰을 내밀었다.

"이거 봐. 엄청 웃기지?"

예솔이가 아주에게 내민 스마트폰 화면에는 눈은 웃는데 입은 우는 표정의 아수라 백작 사진이 띄워져 있었다. 그런데 놀랍게도 그 사진의 주인공은 아주의 삼촌이었다. 웹툰 〈외계 소년 토비〉에 등장하는 박사님 캐릭터와 판박이처럼 닮은 아주 삼촌 말이다.

"인터넷에 올라온 거야?"

"아니! 만든 거야!"

그때 웹툰 작가가 꿈이라며 매일 웹툰을 끼고 사는 예솔이의 이란성 쌍둥이 동생 한솔이가 둘 사이로 끼어들었다.

"고예솔이 박사 캐릭터에 그 아저씨 얼굴을 합성해 달라고 해서 내가 특별히 해 주었지!"

"그래도 아이디어는 내 거거든!"

예솔이와 한솔이는 현실 남매라서 그런지 눈만 마주치면 아옹다옹했다.

"고예솔, 넌 이 아저씨를 어떻게 알아?"

아주는 정말 궁금하다는 표정으로 물었다.

"어린이 드라마에 나올 때 봤지. 너도 아는구나?"

"나야 당연히 알지. 어젯 밤에도 봤는데? 그것도 실물로!"

"실물을 봤다고? 어디서?"

아주는 고개를 끄덕이며 대답했다.

"집에서!"

"집? 무슨 집?"

"이 사람, 우리 삼촌이야!"

예솔이는 아주의 대답이 끝나기가 무섭게 꺅하고 비명에 가까운 소리를 질렀다.

"진짜?"

"응. 우리 막내 삼촌이야."

아주는 증거를 보여주듯 삼촌과 함께 찍은 사진을 여러 장 보여 주었다.

"와, 대박! 나 너희 삼촌 1호 팬이야!"

"무슨 소리야! 1호 팬은 바로 나, 정아주거든!"

아주가 가슴팍을 탁탁 치며 말하자 예솔이가 두 손을 모으면서 말했다.

"그럼 2호! 내가 2호 할게! 3호는 고한솔 시킬게!"

아주는 조금 당황했다. 처음에는 진심인 건지 놀리는 건지 잘 구별되지 않았지만, 예솔이의 표정은 진심 같았다. 수업 시간과는 다르게 눈빛이 초롱초롱했다.

"나는 원석을 발굴하는 게 그렇게 좋더라! 블루트레인도 인기 없을 때부터 좋아했는데, 지금은 인기가 많아졌잖아. 내가 그런 쪽으로 감이 좋거든. 아직 유명하지 않은 연예인이 나중에 스타가 되면 왠지 모를 쾌감이 느껴진단 말이야."

아주는 쉴 새 없이 말하는 예솔이의 말 중 몇 단어가 가슴에 꽂혔다. 원석, 발굴, 안 알려진 연예인, 스타. 그 말들을 조합해 보면 삼촌도 가능성이 있다는 말처럼 들렸다.

"너희 삼촌 요즘 드라마 찍는 거 있어?"

예솔이의 물음에 아주는 어제의 기억이 떠올라서 한숨을 푹 내쉬며 말했다.

"하동필 나오는 주말 드라마 있지? 원래 하동필 고향 친구로 캐스팅됐었어. 근데 하동필이랑 감독님이 싸우는 바람에 주인공이 죽으면서 조기 종영된대."

"세상에! 주인공이 죽고 끝나다니……"

예솔이는 혀를 끌끌 찼다.

"그럼 너희 삼촌은 촬영까지 했는데 못 나오는 거야?"

"아니, 촬영 가기 전날에 연락받아서 촬영장에도 못 가봤어."

예솔이는 자기가 다 아쉽다는 듯 긴 한숨을 내쉬었다.

"우리 삼촌, 이번에는 무척 많이 실망한 것 같아."

아주는 속상한 표정을 지었다. 예솔이는 오히려 그런 아주의 어깨를 두드렸다.

"아주야, 네가 뭘 모르나 본데. 시련이 있어야 깊은 연기가 나오는 법이야. 걱정하지 마. 삼촌은 아주아주 잘 될 테니까!"

아주는 고개를 갸웃거렸다. 예솔이가 뭘 믿고 저런 말을 하는지 알 수는 없지만, 그래도 기분 좋게 웃어넘겼다.

그날 저녁이었다. 아주는 저녁 식사를 마치고 소파에 가 앉았다. 할머니도 아주 옆에 와 앉더니 자연스럽게 텔레비전을 틀었다. 그런데 뉴스에서 건강 보조 식품에서 쇳가루가 나왔다는 기사가 나왔다. 자료 화면에 나오는 건강 보조 식품에 모자이크 처리가 되어 있었지만, 어디서 많이 본 듯 눈에 익었다. 분명히 할머니가 매일 아침에 챙겨 먹던 것이었다.

"할머니, 저거 혹시……?"

아주가 벌떡 일어나서 찬장에 있던 건강 보조 식품을 꺼내 할머니 앞으로 가지고 왔다. 할머니는 화면과 포장지를 번갈아 보더니 점점 붉으락푸르락했다.

"아니, 텔레비전에서 좋다고 해서 샀는데 쇳가루를 넣어 팔았다니! 이런 나쁜 놈들. 먹을거리로 장난치는 게 세상에서 제일 나쁜 짓이야!"

그때 옆에서 아주 아빠가 한마디 거들었다.

"어머니, 그러니까 텔레비전에서 좋다는 거 무조건 사지 마셔요."

"아니, 내가 언제 무조건 샀다고 그래?"

"제가 봐도 그래요 할머니. 할머니는 텔레비전에서 추천하는 걸 너무 믿으시잖아요. 전에 산 건강 보조 식품도 텔레비전에 나온 좋은 거라고 하시더니, 며칠 후 기사에 농약 범벅이라고 나와서 전부 버렸잖아요."

아주가 예전 일을 기억해서 말하자, 할머니는 팽 토라져 입을 쭉 내밀었다.

"어머니, 음식점이나 식품 업체한테 돈을 받고 '뭐가 맛있다, 뭐가 몸에 좋다'라고 소개하는 프로그램들도 있대요. 그런 가짜 정보는 시청자들이 똑똑하게 사실 확인을 하는 수밖에 없어요. 텔레비전에 나왔다고 해서 무조건 믿으시면 절대 안 돼요."

아주 엄마까지 또랑또랑하게 말하자, 할머니는 텔레비전을 끄고 리모컨을 손으로 확 밀어버렸다.

"알았다. 이제 텔레비전 안 본다! 내가 또 텔레비전을 보면 사람도 아니야!"

하지만 아주 할머니는 깜빡한 모양이었다. 오늘이 바로 할머니가 제일 좋아하는 트로트 왕중왕전이 방송되는 날이라는 것을.

"에이, 그래도 오늘은 어머니가 좋아하는 프로그램 하잖아요. 그건 보셔야죠."

아주 아빠가 웃으면서 리모컨을 내밀었다.

할머니는 주위 눈치를 살폈다. 특히 삼촌의 반응을 살피려는 듯 자꾸 삼촌 쪽을 바라보았다. 그때까지 밥만 깨작거리던 삼촌이 혼잣말로 중얼거렸다.

"텔레비전 꼴도 보기 싫어!"

삼촌은 혼잣말처럼 중얼거렸지만, 가족 모두에게 들릴 만큼 큰 소리였다. 그런데 엉뚱하게도 화살은 아주에게 돌아갔다.

"아주야, 삼촌이랑 같이 방으로 들어가. 할머니 텔레비전 보시게."

"나는 왜 들어가?"

아주는 아빠를 쳐다보며 영문을 모르겠다는 표정을 지었다.

"할머니 보신다는 프로그램은 15세 이상만 볼 수 있으니까."

아주는 어처구니가 없었다.

"아니, 지금까지는 다 같이 봤잖아! 나도 트로트 왕중왕전 좋아한단 말이야!"

아주 엄마도 할머니 눈치를 보더니 덩달아 아주에게 방으로 얼른 들어가라는 고갯짓을 했다.

"너 열한 살인데, 15세 이상 시청 프로그램 보는 건 좀 아니지. 우리 아들은 전체 시청 프로그램 봐야지, 안 그래?"

"삼촌 눈치 보느라 나도 들어가라는 거잖아!"

아주는 원망스러운 눈으로 삼촌을 바라보았다.

"됐어! 나 혼자 들어갈 테니까 텔레비전 실컷들 봐."

삼촌은 아주의 눈총을 받고 무거운 몸을 일으켰다. 그런데 삼촌이 확 일어나면서 덩치 큰 몸의 균형이 살짝 흔들렸다. 옆으로 기우뚱하더니 한쪽 발이 쿵 하고 리모컨을 밟았다. 텔레비전이 켜지고 채널이 이리저리 돌아갔다.

아주네 가족 모두 손사래를 치며 외쳤다.

"아, 안 돼! 발 떼!"

삼촌은 리모컨을 밟은 발을 뗀 채 텔레비전을 멀뚱히 쳐다보고 있었다. 가족 모두 삼촌의 시선을 따라 다시 텔레비전 화면으로 눈길을 돌렸다. 새로 시작하는 프로그램 〈내일은 내가 주인공〉의 광고가 흘러나오고 있었다.

"무명 배우 오디션 프로그램? 저게 뭐야?"

할머니가 두 눈을 끔뻑이며 아주에게 물었다.

"배우 오디션 프로그램을 하나 봐요. 가수 오디션처럼요."

아주는 할머니를 바라보며 대답했다.

"어머, 이건 딱 정봉이 삼촌을 위한 프로그램이네!"

아주 엄마가 호들갑스럽게 말하며 삼촌을 바라보았다. 삼촌은 주

먹을 가슴팍에 모으며 말했다.

"맞아요! 실패만 거듭한 인생, 포기하지 않은 무명 배우, 바로 저잖아요! 이건 정말로 저를 위한 프로그램인 것 같아요!"

"아니, 그러다가 또 실패하면……."

할머니는 얼굴을 잔뜩 찌푸리면서도 걱정스러운 눈빛으로 삼촌을 바라보았다.

"엄마, 걱정 말아요! 도전해야 실패도 하는 거지. 해보지도 않고 실망만 하는 것보단 낫잖아요."

할머니는 삼촌의 말에 한숨을 푹 내쉬었다.

아주는 삼촌에게 힘을 주려고 목소리를 높여 말했다.

"맞아, 삼촌! 내가 팬클럽도 만들어 줄게."

"팬클럽?"

"응! 내 친구들이랑!"

삼촌은 흐뭇하게 웃으며 연신 아주의 머리를 쓰다듬었다.

"그런데 삼촌, 이참에 이름을 바꿔 보면 어때? 좀 기억에 남는 이름으로 말이야."

"아! 예명을 짓자는 거지?"

아주 엄마와 아빠, 삼촌은 너무 좋다며 아주의 의견에 맞장구를 쳤다. 하지만 딱 한 사람, 그 이름을 지어 준 할머니는 아니었다.

"정정봉이 어디가 어때서? 내가 얼마나 고민해서 지었는데."

할머니 혼자만 입이 툭 튀어나왔고, 삼촌은 예명을 지을 생각에 신난 기색이 역력했다.

"새로 태어나는 이름이라, 아주 좋은 생각이야! 그렇지 않아도 오래전부터 생각한 이름이 있긴 한데⋯⋯ 엄마, 나한테 이름 좀 빌려주면 안 돼요?"

할머니는 눈을 동그랗게 뜨고 삼촌을 바라보았다.

"내 이름?"

"네! 나강혜 여사님, 이름 좀 빌려줘요. 엄마 이름과 발음이 비슷한 '나강해'로 하고 싶어요. 엄마 이름이 헛되지 않도록 강하게 살아남겠습니다!"

삼촌의 말에 가족들 모두 환호했다.

나 강 해!

아주는 엄마의 이름으로 강하게 살아남겠다는 삼촌의 다짐이 멋지다고 생각했다. 나강해라는 이름은 귀에 쏙 들어오고, 강인함도 느껴지는 이름이었다.

"엄마 이름까지 빌려줬는데 똑 떨어지면 집에서 쫓겨날 줄 알아!"

할머니가 허락하자, 삼촌은 경례하듯 손을 올렸다.

"분부 따르겠습니다, 나강혜 여사님! 그럼 막내아들은 접수하러 갑니다!"

정봉 삼촌, 아니 나강해 삼촌은 큰소리치며 으스댔다.

원서 접수 이후 100인의 도전자가 된 삼촌은 여러 날이 지나도록 집에 돌아오지 않았다.

"스마트폰도 못 쓰게 한다는 말이 맞나 봐. 다른 오디션 프로그램들 보니까 찬스로 스마트폰 1회 사용권을 주던데 말이야."

아주 엄마가 아주와 아주 아빠를 보면서 말했다.

"이 녀석, 밥은 잘 먹고 있나 모르겠다."

할머니는 입맛이 없는지 숟가락을 내려놓았다.

"아휴, 무소식이 희소식이라잖아요. 곧 연락이 올 테니 조금만 더 기다려 봐요. 우리라도 맛있게 먹자고요."

그렇지만 할머니는 여전히 걱정스러운 모양이었다.

"그래요 할머니, 걱정하지 마세요."

할머니가 의아하다는 듯 아주를 쳐다보았다.

"삼촌은 누가 업어 가도 모르게 코를 드르렁드르렁 골면서 잘 자고 있을 거예요. 그리고 무쇠도 씹어 먹을 스타일이라 뭐든지 잘 먹고 있을 거고요."

"네 말이 다 맞지만, 그래도 스트레스를 많이 받을 거 아니냐."

"할머니, 이렇게 오랫동안 돌아오지 않는 걸로 봐선 아직 떨어지지 않은 거잖아요."

그러자 할머니의 얼굴이 금세 밝아졌고, 마침 텔레비전에서는 〈내일은 내가 주인공〉의 예고편이 나오고 있었다.

"대한민국 사람들이 우리 아들 텔레비전에 나오는 거 다 보겠네!"
할머니는 텔레비전을 보면서 더 환하게 웃고 있었다. 할머니가 손 꼽아 기다리는 프로그램이 하나 더 생겼다. 어쩌면 가장 기다리고 기다리는 '본방 사수' 프로그램이자 '최고로 애정하는' 프로그램이 생긴 것이다.

쉬운 미디어 이야기 ②

온 가족을 한곳에 모으는 텔레비전

텔레비전 방송은 언제 시작되었을까요?

어린이가 많이 부른 동요 중에 '텔레비전'이라는 곡이 있어요. 이 동요에는 '텔레비전에 내가 나왔으면 정말 좋겠네'라는 가사가 있는데, 텔레비전에 나와서 많은 사람에게 유명해지고 싶은 어린이의 마음을 담고 있답니다. 그만큼 텔레비전은 모두에게 사랑받는 대표적인 미디어였어요.

그렇다면 '텔레비전'은 어떤 뜻일까요? 먼 거리를 뜻하는 그리스어 '텔레(tele)'와 본다는 뜻의 라틴어 '비시오(visio)'가 합쳐져 만들어진 말로, 멀리 있는 것을 본다는 뜻이에요. 우리 집 거실에서 멀리 떨어진 지역이나 해외의 소식들까지 텔레비전을 통해 편하게 볼 수 있는 것을 떠올려 보면 텔레비전의 어원이 쉽게 이해될 거예요.

우리나라에서는 언제부터 텔레비전을 보기 시작했을까요? 텔레비전이 등장하기 전에는 라디오를 통해 음성만으로 소식을 들었습니다. 이후 1956년 5월 12일에 탑골공원과 서울역에 설치된 텔레비전 수상기로 처음 방송을 볼 수 있게 되었어요. 우리나라 최초의 방송국은 대한방송(KORCAD-TV)인데, 이때까지만 해도 텔레비전에 나오는 화면은 흑백이었어요. 게다가 1960년대만 해도 가구당 텔레비전 보급률이 1퍼센트 미만이었던 시기여서 텔레비전이 있는 집으로 몰려가 동네 사람들이 함께 방송을 시청했다고 해요.

1980년대에 들어서면서 컬러 방송을 볼 수 있게 되었고, 이 시기에는 가

구당 텔레비전 보급률이 약 80퍼센트 정도여서 많은 사람이 집에서 텔레비전을 볼 수 있게 되었답니다. 1981년 2월에 교육방송(EBS), 1991년 3월에 서울방송(SBS)이 생겼고, 현재는 많은 방송국에서 다양한 프로그램을 만들어 방영하고 있습니다.

지상파? 위성? 케이블?

우리가 집에서 텔레비전을 통해 방송을 볼 수 있는 것은 모두 '전파' 덕분이에요. 방송은 전파를 전달하는 방식에 따라 지상파 방송, 위성 방송, 케이블 방송 등으로 나뉘어요.

지상파 방송은 지상에 있는 송신소로부터 받은 전파를 이용해 방송을 내보내는 방식이에요. 가정에서 별도의 기계를 설치하지 않아도 텔레비전만 켜면 볼 수 있는 방송이지요. 지상파 방송은 전파의 범위가 한정되어

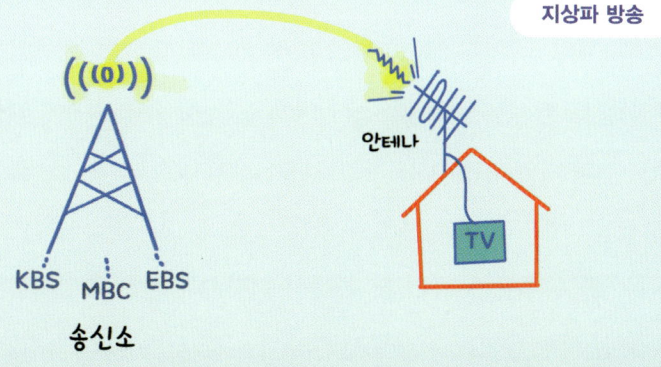

쉬운 미디어 이야기 ②

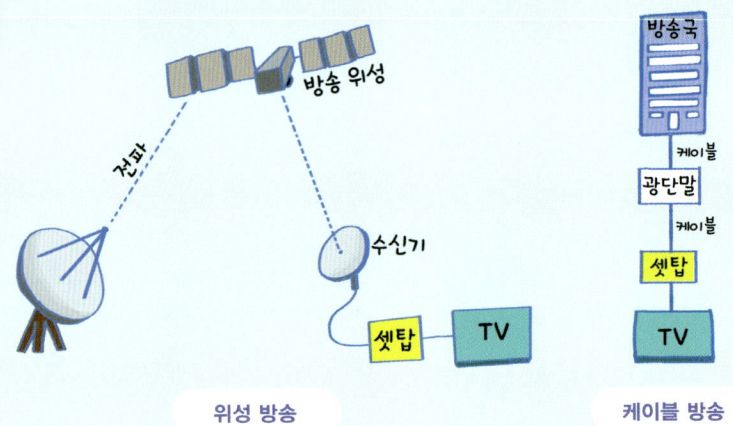

위성 방송   케이블 방송

있어서 허가받은 사업자만 방송할 수 있어요. 또한 지상파 방송은 나라에서 자격을 부여받아 법률에 따라 방송해야 하기 때문에 공공성을 유지해야 해요. 대표적인 지상파 방송에는 한국방송(KBS), 문화방송(MBC), 서울방송(SBS) 등이 있고, 드라마, 예능, 어린이, 시사교양 등 모든 분야의 프로그램을 제작한답니다.

위성 방송은 지구로부터 약 3만 6000킬로미터 떨어져 있는 방송 위성을 이용해 방송을 내보내는 방식이에요. 지상에서 우주에 있는 인공위성으로 전파를 보내고, 이를 가정의 수신기에 직접 보내주는 방식이지요. 우리나라의 대표 방송 위성은 무궁화 2호예요.

케이블 방송은 공중의 전파 대신 전깃줄과 같은 유선케이블을 이용해서 유선 방송이라고도 불러요. 그래서 다양한 채널의 프로그램을 깨끗한 화면을 볼 수 있지요. 방송국에서는 자신의 방송에 가입한 사람들만 방송을 볼 수 있는 권한을 준답니다.

텔레비전은 바보상자?

사람들은 왜 텔레비전을 보는 걸까요? 우리는 아침부터 밤까지 텔레비전과 함께 생활하고 있어요. 아침에 기상 예보를 보거나, 저녁에 드라마나 예능 프로그램을 보기 위해 텔레비전을 틀고 있으니까요. 이렇게 텔레비전에는 교육 기능, 정보 제공 기능, 오락 기능 등이 있답니다. 흔히 텔레비전을 '바보상자'라고 표현하기도 해요. 하지만 텔레비전을 통해 날마다 일어나는 새로운 소식을 들을 수 있고, 다양한 교양 프로그램을 통해 지식을 습득할 수도 있어요. 이뿐만 아니라 예능 프로그램 보며 즐거운 시간을 보내기도 하고, 프로그램에 나오는 다양한 상품 정보를 통해 경제 활동이 촉진되기도 한답니다.

생각하기 & 토론하기

❶ 텔레비전은 과거부터 지금까지 많은 사람의 사랑을 받는 미디어입니다. 어떤 이유 때문일까요?
❷ 텔레비전을 두고 바보상자라고 부르는 이유는 무엇일까요?

박사 캐릭터에는 삼촌이 딱 맞지!

 아주 삼촌이 〈내일은 내가 주인공〉 출연을 위해 합숙에 들어갔을 즈음이었다. 아주와 예솔이 그리고 한솔이도 행동을 개시했다. 바로 나강해 삼촌의 팬클럽 작전 회의를 말이다.
 아주가 예솔이와 한솔이에게 삼촌 방을 보여주겠다고 말하자, 아이들은 그날 바로 아주네 집으로 들이닥쳤다. 예솔이는 삼촌의 방에 들어가자마자 연신 감탄사를 내뱉었다. 삼촌의 사진이 벽에 붙어 있는 것만으로도 신기한 모양이었다.
 "고예솔, 뭐가 그렇게 신기해?"
 "나는 정말 성공한 덕후인 것 같아! 이건 가문의 영광이야."
 예솔이는 삼촌 사진 앞에서 셀카를 찍었다. 가문의 영광이라는 말까지 하는 걸 보니, 팬이라는 말을 가볍게 한 건 아닌 모양이었다. 그러는 중에도 한솔이는 스마트폰으로 뭔가를 보며 낄낄대고 있었다.

"야, 고한솔. 이 중요한 순간에 또 웹툰 보고 있지?"

한솔이는 대답도 하지 않고 계속 낄낄댔다.

"쟤는 웹툰을 너무 많이 봐서 엄마한테 만날 혼나."

"웹툰 작가가 꿈이니까 많이 보는 거 아냐?"

아주는 당연하다는 듯 말했다.

"그럼 그림 연습을 해야지. 그림은 못 그리면서 웹툰만 보는 게 꿈을 키우는 거냐?"

예솔이가 툴툴거렸다.

"고예솔, 네가 웹툰을 잘 안 봐서 그래. 진짜 중요한 순간에 딱 끝나서 다음 화를 안 볼 수가 없단 말이야. 웹툰을 일주일에 딱 한 편씩만 보면, 그거 기다리느라 얼마나 힘들겠어? 그러니까 요일마다 새롭게 올라온 작품을 볼 수밖에 없는 거야. 그러면 일주일이 순식간에 휙 지나가!"

한솔이는 예솔이에게 눈길도 안 주고 천연덕스럽게 말했다.

"그 정도면 거의 중독 아냐? 우리 삼촌도 그렇거든. 지금도 오늘 올라온 웹툰 다 보고 싶어서 어쩔 줄 모를걸."

아주는 삼촌을 떠올리며 대답했다.

"삼촌은 어른이니까 절제하겠지만, 쟤는 초등학생이잖아. 엄마가 선정적이고 폭력적인 웹툰도 많으니까 너무 많이 보지 말라고 여러 번 말해도 안 들어. 어제도 이불 뒤집어쓰고 보다가 혼났어."

예솔이는 한심하다는 듯 한솔이를 쳐다보며 말했다.

그리고 보니 아주는 얼마 전 웹툰에 대한 기사를 본 기억이 났다. 동물을 학대하는 표현이 자주 나오는 웹툰을 두고 표현의 자유로 인정해야 할지, 아니면 규제해야 할지에 대한 내용이었다. 그 기사를 보고 나니 아주는 엄마 아빠가 웹툰이 재미있는 만큼 중독될 위험이 있다고 걱정하는 것과, 어린이의 가치관에 악영향을 끼칠 수 있다고 하는 이유를 어렴풋이 알 것 같았다.

"애들아, 오늘 모인 건 우리 팬클럽 이름을 정하기 위해서야."

아주는 또랑또랑하게 이야기를 시작했다. 그때까지도 한솔이가 웹툰만 보고 있자, 예솔이가 한솔이의 옆구리를 쿡 찔렀다. 그제야 한솔이는 스마트폰을 잠시 내려 두더니 의견을 이야기하기 시작했다.

"난 좋은 이름을 생각해 왔어!"

44

"뭔데?"

"나강해 팬클럽이니까 '나강해 너약해' 어때?"

한솔이의 의견에 예솔이가 피식 웃었다.

"너약해가 뭐야! 팬덤 이름이 그렇게 약하면 삼촌이 힘이 나겠냐? 삼촌한테 힘을 줘야 하는데 기운이 쭉 빠지잖아."

한솔이의 입이 삐죽 튀어나왔다.

"음, 접근은 괜찮은 것 같아. 나, 강해니까…… '너, 강해' 어때?"

아주가 한솔이의 아이디어를 발전시켜서 말했다.

"오! 몇 년 동안의 덕질 인생을 돌아볼 때, 아주 괜찮은 이름이다! 너강해라는 뜻이 '나강해 씨, 당신은 강해요'라고 하는 것 같아. 팬클럽 이름으로 찰떡이야!"

예솔이는 박수까지 치면서 좋아했다. 한솔이도 휘파람으로 찬성이라는 의사를 대신했다.

"좋아, 그럼 나강해 팬클럽 너강해의 첫 번째 활동을 시작해 보자. 뭐부터 할까?"

"아이돌 가수의 팬덤은 보통 음악 방송에 가서 응원하거든. 그런데 우리는 삼촌을 찾아갈 수도 없잖아."

예솔이가 아이디어가 떠오르지 않는다는 표정으로 말했다. 아주도 어떻게 삼촌을 응원해야 할지 감이 오지 않았다.

그때 한솔이가 의견을 하나 툭 내놓았다.

"스마트폰으로 해."

"아, 맞다. 우리한테는 이게 있잖아!"

예솔이도 한솔이 의견에 동의하면서 스마트폰을 흔들었다.

"전화를 걸자고? 스마트폰을 사용할 수 없어서 연락이 안 돼."

"아니, 사람들에게 삼촌을 홍보하고 응원해 주자고. 이 스마트폰으로 말이야."

아주는 아이돌 가수나 인기 배우 소속사가 미디어를 다방면으로 활용해 소속 연예인을 홍보한다는 이야기를 들은 적이 있었다. 갑자기 아주의 머릿속에 좋은 생각이 번뜩 스쳤다.

"한솔아, 〈외계 소년 또비〉 언제 올라오지? 우리 삼촌이 그거 꼭 챙겨 보거든."

"오늘이야! 아까 내가 보던 웹툰이 그거거든."

아주는 고개를 갸웃거렸다.

"거기에 댓글을 달아 볼까? 그런데 삼촌이 댓글을 볼 수 있을까? 스마트폰을 못 쓰는데?"

"아이돌 가수 오디션 프로그램 보니까 연락은 안 되지만, 태블릿 피시 같은 걸로 음원 받아서 노래 연습하는 거 봤어. 아마 노트북이나 태블릿 피시는 사용할 수 있을 거야."

예솔이가 기억을 더듬어 말해 주자 아주에게 삼촌을 응원할 좋은 생각이 떠올랐다.

"너희가 만든 합성 사진을 삼촌이 잘 보는 웹툰 댓글에 달까? 응원의 의미로 말이야."

예솔이의 눈이 반짝반짝 빛났다.

"오! 좋은 생각인데? 지금 당장 해 보자!"

아주와 예솔이 그리고 한솔이는 삼촌의 얼굴과 〈외계 소년 또비〉에 나오는 박사의 몸을 합성한 사진을 웹툰의 댓글에 달아 두었다. 삼촌이 꼭 볼 수 있으리라는 믿음을 담아서!

나강해 팬클럽 너강해(아이디****) 2021.02.10 10:23:44　　　　신고

싱크로율 100퍼센트에 도전한다!

　〈내일은 내가 주인공〉 오디션에 도전한 정정봉, 아니 나강해 삼촌은 다른 도전자들과 함께 조를 편성 받았다. 왕년의 꽃미남, 무명 배우, 경력 단절 배우, 재연 배우 등 여러 팀으로 나뉘었고, 삼촌은 만년 무명 배우 팀에 편성되었다.

　제작진은 대기실에 있던 도전자를 한 명씩 스튜디오로 불러냈다. 삼촌은 대기실에서 떨리는 마음으로 입술을 물어뜯었다. 일 분이 한 시간 같은 기다림이었다.

　'오늘이 목요일이니까…… 〈외계 소년 또비〉 다음 화 올라오는 날이잖아?'

　삼촌은 웹툰을 볼 수 있는 방법이 있을지 생각했다. 마침 대기실 입구 쪽 책상에 놓인 노트북이 보였다. 삼촌은 첫 번째 오디션을 앞

두고 초조한 마음을 가라앉히기에는 웹툰만 한 것도 없겠다고 생각했다. 그래서 주변을 둘러보고는 노트북에서 웹툰 사이트를 열었다. 〈외계 소년 또비〉의 다음 화는 이미 올라와 있었다.

매일 웹툰을 보는 것은 삼촌의 일상에서 큰 즐거움이었다. 웹툰 사이트마다 다양한 작품이 요일별로 올라와 선택의 폭도 넓었다. 특히 〈외계 소년 또비〉는 외계인 꼬마가 우리나라에 불시착하면서 벌어지는 이야기로, 똑똑한 듯 허술한 박사 캐릭터가 아주 매력적이었다. 삼촌은 웹툰뿐만 아니라 웹툰에 달린 댓글을 보는 것을 또 다른 재밋거리로 생각했다. 간혹 웹툰 작가가 독자가 남기는 댓글에 다시 댓글을 남기기도 했고, 독자가 댓글로 제안한 아이디어를 토대로 스토리가 변하기도 했다. 삼촌은 〈외계 소년 또비〉는 물론 여러 웹툰에서 베스트 댓글 작성자로 뽑힌 적이 몇 번 있었다. 다음 화의 스토리를 예측하거나, 현재 스토리에 어울리는 아이디어를 쓰거나, 다른 독자가 이해하지 못하는 스토리를 알기 쉽게 정리해 주기도 했다. 그러다 종종 작가가 '아이디어를 주신 정봉 님에게 감사드립니다'라고 남긴 메시지를 보면서 쾌감을 느끼곤 했다.

'이 웹툰을 드라마나 영화로 만들면 박사 역할에는 내가 딱인데!'

삼촌은 웹툰 스크롤을 쭉쭉 내리며 생각했다.

"뭐야, 벌써 끝난 거야? 또 일주일을 기다리기도 애타고, 미리 보기 구매하면 계속 구매해야 되고, 이것 참!"

삼촌은 아쉬워하며 댓글들을 하나하나 읽었다. 그러다 한 댓글에서 마우스를 멈췄다.

나강해 팬클럽 너강해(아이디****) 2021.02.10 10:23:44　　　신고

싱크로율 100퍼센트에 도전한다!

"나강해 팬클럽 너강해? 아주랑 친구들인가?"

삼촌은 왠지 자신감이 차올라 표정이 밝아졌다.

"다음 참가자 나강해 씨, 어디 계신가요?"

조연출이 삼촌의 코앞까지 오고 나서야 삼촌은 자기 순서가 되었다는 걸 깨달았다. 벌떡 일어났지만 무거운 몸 때문에 동작이 느릿느릿하게 보였다.

"네, 제가 나강해입니다!"

"다음 차례니까 빨리빨리 대기해 주세요."

삼촌은 연신 입술을 축였다. 그리고 조연출의 신호에 맞춰 어수룩한 모습으로 머리를 긁으면서 스튜디오로 들어갔다.

카메라 수십 대가 삼촌이 걸어 들어가는 모습을 촬영했다. 삼촌은 조명이 눈부셔 자기도 모르게 얼굴을 찌푸렸다.

"나강해 씨, 의자를 선택해서 앉아 주세요."

삼촌은 어리둥절한 표정으로 앞에 늘어선 의자를 바라보았다. 마치 피라미드 모양처럼 되어 있는 것이 예전에 보았던 가수 오디션 프로그램과 비슷한 구조였다.

'어? 저기에 아무도 안 앉았잖아?'

삼촌은 잠시 고민하다가 가장 높은 자리인 피라미드 꼭대기에 있는 의자로 올라갔다. 누가 먼저 그 자리에 앉을까 궁금해하던 사람들의 시선이 일제히 삼촌에게 쏠렸다.

"여기가 제일 좋아 보이네요. 허허허."

삼촌은 여유로운 미소를 짓고 의자에 앉았다. 그런데 앉는 순간, 부우우욱!

바지 엉덩이 부분이 시원하게 터져 버렸다.

'으아아악! 어떡하지! 일어나면 바지 터진 게 다 보일 텐데.'

삼촌은 연신 이마에서 땀을 닦아냈다.

'촬영 끝날 때까지 의자에서 절대 일어나면 안 되겠다!'

도전자들은 1위 자리에 앉은 삼촌을 바라보며 괜히 쑥덕거렸다.

이제 마지막 도전자만 남았다. 한 남자가 뚜벅뚜벅 멋지게 걸어 들어왔다. 그 사람은 바로 잊혔던 반짝 스타 강우혁이었다.

'설마 그 강우혁?'

삼촌은 깜짝 놀라 입을 벌린 채 강우혁을 쳐다봤다.

강우혁은 2000년대 초반 꽃미남으로 인기를 끌다가 어느 날 갑자기 사라진 배우였다. 삼촌은 강우혁과 얽혔던 문제의 영화를 떠올렸다. 그 영화에서 강우혁은 반전을 담당할 주요 역할을 맡았는데, 감독과 싸우는 바람에 영화 제작 자체가 엎어졌었다. 그래서 오랜만에 보아도 그다지 반갑지 않은 사람이었다.

'강우혁, 네가 왜 거기서 나와?'

삼촌은 강우혁을 보면서 신비주의에 싸여 있더니 무슨 바람이 불어 이 자리에 왔을까 하고 생각했다. 도전자들 역시 강우혁의 등장에 더욱 술렁거렸다. 전보다 살이 약간 올랐지만, 여전히 앳되어 보였고 잘생긴 이목구비는 그대로였다.

"강우혁 씨, 의자를 선택해서 앉아 주십시오."

남은 자리는 구석 자리 딱 하나뿐이었다.

"후훗."

강우혁은 카메라를 정확히 쳐다보며 입꼬리를 살짝 올려 느끼한 미소를 지었다. 그러더니 계단을 성큼성큼 올라갔다. 도전자와 제

작진의 시선이 강우혁에 쏠렸다. 강우혁이 우뚝 멈춰 선 곳은 삼촌 앞이었다.

"엥?"

삼촌은 강우혁을 쳐다보았다. 키가 어찌나 큰지 고개를 젖혀 올려 다보아야 했다.

"여기, 제가 앉아야겠는데요?"

부드럽고도 단호한 목소리였다. 하지만 삼촌은 일어나지 않고 강우혁을 쳐다보며 말했다.

"제가 먼저 앉았는데요?"

강우혁은 레이저를 발사하는 것처럼 삼촌을 쏘아보았다. 삼촌은 그 기에 눌려 의자에서 일어나고 싶었다. 사람들의 시선이 몰리자 더욱 그랬다. 삼촌은 정말 난감했지만 어쩔 수 없었다.

'방송에서 이 바지 꼴은 보일 수 없다고!'

도전자들은 좋은 구경이라도 난 듯 휘휘 휘파람을 불었다.

"그럼 저와 가위바위보라도 하시겠습니까?"

강우혁은 목소리를 낮게 깔고 말했다.

"아니, 바지가 뜯어져서 못 일어나요."

삼촌은 진땀을 빼며 강우혁에게 입을 뻐끔거렸다. 하지만 그 말을 못 알아들은 강우혁은 슬픈 표정을 지었다. 그러고는 맨 구석진 곳, 김봉구라는 도전자의 옆자리에 앉았다. 김봉구의 몸집이나 얼굴은 삼촌 이미지와 비슷했다.

강우혁의 행동과 표정은 첫 등장부터 도전자와 제작진을 휘어잡을 만한 쇼맨십이었다.

'뭐야, 기껏 내 사정을 말했는데 제대로 듣지도 않고.'

도전자가 모두 모이자 프로그램의 사회자는 능수능란하게 진행하기 시작했다.

"여러분, 안녕하십니까? 활짝 피기도 전에 져 버린 꽃을 보셨습니까? 언제나 배경처럼 연기하던 만년 조연, 아니 엑스트라 배우가 〈내일은 내가 주인공〉을 통해 새롭게 태어납니다. 내일의 주인공은 바로 당신입니다!"

사회자의 말에 100명의 도전자들이 박수를 쳤다.

"〈내일은 내가 주인공〉은 서바이벌로 진행됩니다. 그리고 실시간 인기 투표 결과로 순위를 정합니다. 처음에는 50위까지, 그다음은 30위까지, 마지막에는 딱 10위까지 뽑은 다음, 최종 미션에서 톱 3를 선발합니다. 톱 3에 선발된 도전자는 인기 드라마 작가인 김은미 작가와 스타 제조기인 이만호 감독 드라마의 주인공으로 캐스팅됩니다."

삼촌을 비롯한 도전자들의 얼굴이 잔뜩 상기되었다. 스타 작가와 스타 감독의 만남, 거기에 주연으로 캐스팅된다면 더할 나위 없이 완벽한 기회였다.

"100명 중에서 50명을 선발할 첫 번째 미션은 웹툰 원작의 드라마 연기입니다!"

삼촌의 눈이 반짝 빛났다.

'웹툰 원작?'

심사를 맡은 이만호 감독이 방법을 설명했다. 열 팀으로 나뉜 도전자들이 다섯 개의 웹툰을 선택하는 것이었다. 그러니 두 팀은 같은 웹툰 연기를 펼쳐서 승부를 겨루어야 했다.

"각 팀의 팀장이 달려가 원하는 웹툰 제목이 붙어 있는 깃발을 선택하면 됩니다."

후보 웹툰 다섯 개는 모두 삼촌이 본 작품들이었다. 그리고 그중에는 삼촌이 제일 좋아하는 웹툰인 〈외계 소년 또비〉도 있었다.

'이건 정말 나를 위한 미션이야!'

만약 삼촌이 〈외계 소년 또비〉의 박사 역할을 맡게 된다면 단번에 심사위원과 시청자의 눈에 띌 것이다. 삼촌은 박사 캐릭터를 완벽하게 파악하고 있었고, 어떤 목소리 톤으로 연기하면 좋을지 이런저런 아이디어도 넘쳤다. 삼촌은 반드시 〈외계 소년 또비〉여야만 했다.

다행히도 삼촌은 사람들에게 엉덩이가 터진 바지를 들키지 않을 수 있었다. 첫 번째 미션을 하기 전에 팀별로 옷을 갈아입게 해주었기 때문이었다. 삼촌은 분홍색 옷을 입고 스튜디오로 돌아왔고, 각 팀의 팀장이 깃발을 뽑으러 가야 했다. 팀에서 나이가 가장 많은 삼촌이 팀장이 되었고, 바로 옆 팀의 팀장은 강우혁이었다. 삼촌이 출발선으로 다가가자 먼저 서 있던 강우혁이 삼촌을 빤히 바라보았다. 삼촌도 강우혁을 바라보며 인사했지만 강우혁은 고개를 휙 돌렸다. 조금 전 자리 신경전 때문인지 냉랭한 기운이 가득했다.

"호루라기를 불면 출발합니다. 자, 하나 둘 셋!"

삐이익!

삼촌은 출발 신호와 함께 뒤뚱거리면서 뛰어갔고, 강우혁은 깃발을 향해 날렵하게 뛰어갔다. 하필이면 삼촌과 강우혁이 뛰어간 곳은 〈외계 소년 또비〉 깃발 쪽이었다.

'뭐야? 〈외계 소년 또비〉에는 강우혁이랑 비슷한 역할이 없는데!'

삼촌은 죽을힘을 다해 뛰었다. 숨이 턱까지 차올랐고, 강우혁을 거의 따라잡았을 때 강우혁이 먼저 손을 뻗었다. 삼촌도 손을 뻗으며 다급하게 외쳤다.

"강우혁씨는 〈외계 소년 또비〉보다는 〈꽃미남 전성시대〉로 가세요. 거기 역할이 그쪽한테 더 잘 어울려요!"

하지만 강우혁은 삼촌의 충고를 듣지 않았다. 삼촌은 이를 악물고 깃발을 잡았다. 강우혁과 거의 동시에 깃발에 손이 닿았다. 강우혁은 기를 쓰고 그 깃발을 잡으려다가 휘청하고 넘어졌고, 깃발은 둘의 손끝에서 미끄러져 튕겨 나갔다.

"앗!"

삼촌은 튕겨서 날아오른 깃발을 점프까지 해서 덥석 잡았다.

〈외계 소년 또비〉가 적힌 깃발을 손에 꼭 쥔 삼촌은 강우혁에게 손을 내밀어 일으켜 주려 했다. 하지만 강우혁은 삼촌의 손을 거칠게 뿌리쳤다. 그러고는 〈꽃미남 전성시대〉의 깃발을 마지못해 잡으며 상심한 듯한 표정을 지었다.

'왜 저래? 저 역할이 훨씬 잘 어울리는데.'

삼촌은 어리둥절한 표정을 지으며 생각했다.

삼촌은 강우혁의 행동을 이해할 수 없었지만, 〈외계 소년 또비〉를 차지했으니 좋게 생각하기로 했다. 삼촌은 오늘 운수가 참 좋은 것 같다고 생각했다. 가장 좋아하는 목요 웹툰을 본 것, 그 웹툰에 달린 조카 팬들의 댓글을 본 것, 그리고 삼촌 자신과 똑 닮은 박사 역할을 연기하게 된 것까지! 삼촌은 이번 미션을 무사히 통과할 수 있을 거라는 희망에 부풀었다.

쉬운 미디어 이야기 ③

클릭하고 스크롤하며 보는 웹툰

미디어 시장에 큰 영향을 미치는 핵심 콘텐츠

한국콘텐츠진흥원에 따르면 2013년에 1500억 원이었던 웹툰 시장의 규모는 6년 만에 7배 가까이 성장해 2019년에 1조 원을 돌파했다고 해요. 우리는 웹툰을 웹에서 보고 즐기는 데에서 그치지 않고, 영화나 드라마 등으로 만들기 시작했어요. 주호민의 〈신과 함께〉, 광진의 〈이태원 클라쓰〉, 장이의 〈경이로운 소문〉 등이 대표적이지요. 웹툰은 이러한 방식으로 영역을 확장하면서 대중문화의 킬러 콘텐츠로 자리매김하고 있어요.

만화책과 웹툰은 몇 가지 차이점이 있어요. 우선 스토리를 풀어나가는 공간이 달라요. 만화책은 종이에, 웹툰은 웹이라는 공간이지요. 이외에 구성 방식에도 차이가 있는데, 만화책의 만화는 칸에서 칸으로 스토리가 연결되지만, 웹툰은 마우스로 스크롤을 내리면서 보는 것이랍니다. 하지만 만화책과 웹툰의 가장 큰 차이점은 '소통'이에요. 웹툰은 댓글 창을 통해서 실시간으로 작가와 독자 간의 쌍방향 소통이 가능하지요. 줄거리에 독자가 참여하여 스토리가 바뀌기도 하고, 자유롭게 의견을 나누기도 하지요. 이렇게 종이책으로 보는 만화와는 달리 새로운 문화가 생겨나게 되었어요. 독자들은 단순히 독자에 머물지 않고 웹툰 편집자의 역할까지 수행하고 있답니다.

표현의 자유는 어디까지?

댓글로 소통하고 스크롤하며 보는 웹툰에서 여러 문제점도 발생했어요. 방송통신심의위원회의 자료에 따르면, 폭력, 혐오, 선정성과 관련한 웹툰 민원이 2019년 한 해 동안 133건이었지만, 2020년 8월까지 접수된 민원은 153건이나 된다고 해요. 이렇듯 웹툰의 표현 수위가 자체적으로 조절되지 못하는 수준에 이르자, 내용 전개에 필수적이지 않은 선정적이고 폭력적인 장면을 묘사한 웹툰은 이후 회차부터 사전 검열 또는 일시적으로 연재 중단을 해야 한다는 의견도 나오고 있어요. 하지만 웹툰 작가들은 문제가 되는 내용에 대한 비판은 충분히 납득할 수 있지만, 사전 검열이나 연재 중단을 요구하는 것은 표현의 자유를 해치는 행위라고 주장하고 있어요. 서로 다른 주장에 대해서는 작가와 사회 간의 합의가 필요한 부분이고, 더 나아가 작가의 표현의 자유 그리고 사회 규범이 조화를 이룰 수 있어야 해요.

생각하기 & 토론하기

❶ 우리나라의 웹툰이 전 세계적으로 인기를 얻는 이유는 무엇일까요?
❷ 선정적이고 폭력적인 내용을 담은 웹툰을 표현의 자유로 봐야 할지, 규제가 필요할지 여러분의 생각을 이야기해 보세요.

60초 후에 계속됩니다

　오늘은 삼촌이 출연하는 〈내일은 내가 주인공〉의 첫 방송 날이었다. 아침부터 아주 엄마와 할머니는 야단법석이었다. 방송국에 방청객으로 가는 것도 아니면서 플래카드까지 만들어 두었다. 그뿐만이 아니었다.
　"어머니, 생방송 문자 투표를 하잖아요. 인기가 많아야 다음 미션에 진출할 수 있으니까 사람들한테 많이 알려서 삼촌한테 투표하게 해야 해요!"
　"맞아. 오디션 프로그램은 그렇게 하더라. 동네방네 광고해야지."
　아주의 엄마와 아빠는 동창 모임의 단톡방에, 할머니는 동네 친구들 모임의 단톡방에 문자 투표를 꼭 해 달라고 알리기 시작했다.

아주도 가만히 있을 수 없었다.

'그래, 내가 나강해 팬클럽 회장이잖아!'

아주가 부회장으로 임명한 예솔이와 한솔이에게 꼭 문자 투표를 해 달라는 카톡을 공지로 올렸다. 그러자 예솔이와 한솔이는 그걸 다시 반 단톡방에 올렸다. 삼촌에 대한 소문이 여기저기 광고처럼 퍼져나갔다.

친구들의 응원에 아주의 어깨도 덩달아 올라가는 기분이었다. 온종일 붕 뜬 기분으로 방송 시간을 기다렸다. 그리고 마침내 기다리던 오후 9시가 되었다. 오후 8시에 방영된 드라마가 끝나고 〈내일은 내가 주인공〉이 시작하기 전까지 광고가 계속 나왔다. 아주는 치킨 광고를 보면 치킨이 먹고 싶었고, 피자 광고를 보면 피자가 먹고 싶어서 침을 꿀꺽 삼켰다.

"광고에 나오는 건 다 사고 싶고, 다 먹고 싶어!"

아주가 투정을 부리자, 엄마 아빠가 피식 웃었다.

"그러게 말이다. 저 안마 의자 하나 있으면 참 좋겠다."

할머니는 안마 의자 광고를 보면서 팔을 주물렀다.

길게만 느껴졌던 광고 시간이 다 지나가고 드디어 첫 방송이 시작되었다.

"진짜 시작한다!"

아주와 가족들의 시선이 모두 텔레비전에 쏠렸다. 먼저 심사위원이 등장했고, 사회자가 진행 방식을 설명해 주었다. 그다음 도전자들이 한 명씩 무대로 들어왔는데, 그중 열댓 명은 조금 더 길게 소개되었다.

"아, 삼촌은 도대체 언제 나와!"

아주의 눈꺼풀이 점점 내려와 반쯤 감겼을 때쯤 삼촌이 등장했다. 거의 마지막 순서였다. 자리를 선택해 앉으라는 말에 삼촌은 계단을 성큼성큼 밟아 올라가더니 가장 높은 자리인 꼭대기 의자를 차지하고 앉았다. 할머니는 삼촌이 벌써 1등이라도 한 것 마냥 박수를 치며 좋아했다.

"우리 정봉이, 아니 강해가 이번에는 뭔가 존재감이 있어 보인다."

"이름을 나강해로 바꿔서 그런가? 좀 많이 뜨는 것 같네?"

아주 아빠도 할머니 말에 맞장구를 쳤다. 하지만 이내 마지막 도전자로 강우혁이 등장하자 할머니가 발끈했다.

"잠깐! 저 녀석도 여기 나오네?"

"왜요, 할머니?"

"2년 전에 쟤가 감독님이랑 싸우는 바람에 정봉이가 출연하려던 영화 제작이 무산됐잖아."

할머니는 아직도 그때를 생각하면 화가 난다는 듯 목소리가 떨렸다. 하지만 아주 엄마는 잘생긴 외모를 보며 감탄했다.

"어머, 삼촌보다 나이가 많을 텐데 더 어려 보이네요. 관리를 잘했는지 여전히 잘생겼네."

"이것 봐요. 강우혁인지 뭔지 하는 아저씨에 대해 커뮤니티마다 글이 올라오고 있어요."

아주는 스마트폰으로 실시간 반응을 보다가 심장이 쿵 내려앉았다. 각종 커뮤니티에 강우혁을 응원하는 댓글과 동시에 삼촌을 비난하는 댓글이 올라오고 있었기 때문이다.

아이디**** 2021.02.23 21:23:44　　　　　　　　　　　신고

나강해? 너 걍 하지 마. 뭔 산적 같은 놈이 1등 자리에 앉아. 인상처럼 욕심도 많네.

아이디**** 2021.02.23. 21:40:32   신고

나강해 좀 빠져라~

외모 원탑 강우혁 자리에 왜 네가 앉아?

사람들은 삼촌을 두고 욕심이 덕지덕지 붙은 인상이라고 댓글을 달았다. 거기에서 끝이 아니었다. 삼촌이 강우혁을 밀쳐서 〈외계 소년 또비〉의 깃발을 빼앗은 거라며 SNS와 각종 커뮤니티에 계속 악플이 달렸다. 아주는 그런 댓글들을 보며 몹시 속상했다.

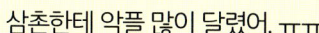 

깃발 선택이 끝나고, 삼촌네 팀원들이 대사를 맞춰 보는 장면이 나왔다. 도전자들 뒤로는 음료수가 잔뜩 쌓여 있었고, 그 옆으로는 안마 의자도 놓여 있었다. 음료수의 상표를 가리지 않아서 그 음료수가 신제품인 '시원타'인 걸 한눈에 알 수 있었다. 연기 연습을 하던 삼촌이 눈치를 보더니 갑자기 벌떡 일어났다. 그러고는 음료수 쪽으로 걸어갔다.

"연습을 많이 해서 그런가? 목이 많이 마르네? 역시 새로운 맛, 시원타를 한번 마셔 볼까?"

삼촌은 어색한 말투와 표정으로 음료수를 들었다. 다른 도전자들도 상표가 잘 보이도록 음료수를 들고 벌컥벌컥 마시기 시작했다. 광고의 한 장면과 다를 게 없었다.

"하하! 역시 새로운 맛이군. 시원타!"

삼촌의 입에서는 음료수가 뚝뚝 떨어지고 있었다. 누가 봐도 광고인 것 같은 느낌이 들 정도로 발 연기여서 아주의 손발이 다 오그라드는 기분이었다. 시원타 광고에 '역시 새로운 맛'이라는 광고 문구가 있는데, 삼촌이 그 말을 그대로 읊고 있었다. 그래도 다른 도전자들은 멋지게 찍혔는데 삼촌만 우스꽝스러워 보였다. 게다가 음료수를 마신 다음에는 안마 의자에 앉아서 안마까지 받는 게 아닌가!

"아빠, 저거 광고 맞죠?"

"그렇지."

"아니, 삼촌은 왜 오디션 프로그램에서 저런 걸 하고 있어요?"

"아주야, 간접 광고라는 말 들어 봤니?"

"네. 예능 프로그램에서 많이 들었어요."

"예능 프로그램이나 드라마에서 어떤 제품을 노출해 광고 효과를 노리는 걸 간접 광고라고 해. 방송에서 그 상품을 의도적이면서도 자연스럽게 보여주면서 먹고 싶고, 사고 싶게 만드는 거지."

"프로그램 내용과 상관없는 상품이 끼어들면 딱 봐도 광고 같잖아요. 도대체 프로그램에 뜬금없이 광고를 왜 넣는 거예요?"

"프로그램 한 편을 만들기 위해서는 제작비가 많이 필요해. 광고 수익이 없으면 제작비를 감당하기 어려워서 프로그램 앞뒤에 광고를 넣고, 프로그램 중간에도 간접 광고를 넣는 거야."

아주는 텔레비전을 볼 때마다 그런 광고를 여러 번 보았다. 아주 엄마는 광고를 눈여겨보지는 않았지만, 드라마를 보다가 가끔 세트장에 놓인 소파가 예쁘다면서 검색했다. 그런 것들이 다 프로그램 안에 은밀하게 들어간 간접 광고라는 것이었다.

사전 녹화 장면이 마무리되고 드디어 서바이벌 생방송이 시작되었다. 첫 번째 순서의 두 팀은 웹툰을 원작으로 한 드라마의 한 장면을 연기했지만, 크게 주목받지 못했다. 바로 다음 순서로 삼촌네 팀과 상대 팀이 〈외계 소년 또비〉를 원작으로 한 드라마의 한 장면을 연기하게 되었다.

"또비, 네가 다시 우주로 돌아가기 위해서는 이번 프로젝트에서 날 반드시 도와줘야 해!"

삼촌의 연기는 시원타를 마실 때보다 훨씬 자연스러웠고, 예상했던 것보다 아주 좋았다. 상대 팀에서 박사 역할을 한 김봉구보다 캐릭터 이미지는 물론 목소리와 호흡까지 완벽했다. 웹툰에서 지금 막 튀어나온 사람처럼 말이다.

"김봉구보다 우리 삼촌이 훨씬 잘했어!"

"정말 그렇네!"

"점수도 김봉구보다 훨씬 높잖아!"

아주와 할머니 그리고 엄마가 흥분해서 소리를 질렀다. 하지만 아빠는 그 와중에도 침착하게 말했다.

"아직 모르는 일이야. 그 팀원들 점수까지 합해서 이기고 지는 걸 결정한다고."

삼촌네 팀원들의 점수가 발표되는 순간, 가족들은 모두 탄식했다. 삼촌네 팀원 반 이상이 상대 팀보다 조금씩 낮은 점수를 받는 바람에 결국 총점이 뒤지고 만 것이다. 두 팀 중 팀 점수가 더 낮은 팀에 있으면 탈락할 가능성이 높았다.

"아악! 이러다가 삼촌이 떨어지면 어떡해!"

그때였다. 심사위원 중 한 명이 실망한 표정을 하고 있는 삼촌을 바라보며 말했다.

"나강해 씨의 연기는 정말 훌륭했어요. 특히 원작을 잘 이해하고 있어서인지 배역에 애정이 있는 것이 느껴졌습니다. 이 웹툰을 드라마로 만든다면 섭외하고 싶을 정도였습니다."

심사위원의 말에 아주네 가족은 모두 가슴을 쓸어내렸다.

"아주 사람을 들었다 놨다 하는구만. 50위까지 뽑는다고 했지?"

"네, 할머니. 얼른 문자 투표해요!"

아주는 할머니와 엄마, 아빠에게 투표를 재촉했다.

아주네 가족 모두 문자 투표의 결과를 초조하게 기다렸다.

"아휴, 도저히 못 보겠다. 텔레비전 잠깐 꺼라."

할머니 입에서 텔레비전 끄라는 말이 나온 건 정말 처음이었다.

"안 돼요! 끝까지 삼촌을 응원해야죠."

"아휴, 정말 떨려서 못 보겠다."

할머니는 거실을 왔다 갔다 하면서 끙끙 앓는 소리를 냈다.

"어머님, 저기 서 있는 사람은 더 떨릴 텐데, 우리가 응원해야죠."

그 말을 하는 엄마의 가지런히 모은 두 손 역시 떨리고 있었다.

"맞아요. 어머니 소원이 정봉이가 텔레비전에 제대로 나오는 거였잖아요."

아빠까지 한마디 거들자, 할머니는 자리를 잡고 앉았다.

"그래! 나강혜가 나강해를 봐야지!"

아주네 가족 모두가 텔레비전에 시선을 멈추었을 때, 사회자가 등장했다.

"드디어 첫 번째 미션의 결과를 발표할 시간이 돌아왔습니다!"

화면에 삼촌의 긴장한 모습이 살짝 지나갔다. 넓은 어깨와 통통한 뱃살마저 떨리는 것처럼 보였다.

"제발! 50위 안에 들어야 하는데……."

아주는 손을 꼭 그러모았다.

사회자는 긴장감을 불러일으키는 음악과 함께 49위부터 이름을 부르기 시작했다. 예상했던 도전자들의 이름이 속속 불렸다. 이제

남은 순위는 1위와 50위였다.

"1위는 바로…… 강 우 혁!"

가족들은 삼촌을 욕먹게 한 강우혁이 1위를 하자, 못마땅하다는 듯 한숨을 푹푹 내쉬었다. 강우혁의 연기는 그다지 뛰어나지 않았는데, 아무래도 잘생긴 외모와 〈꽃미남 전성시대〉 속 캐릭터가 잘 맞아떨어진 결과 같았다.

'삼촌이 50위 안에 못 들면 어떡하지?'

아주네 가족 모두의 손에 땀이 났고, 입에 침이 말랐다.

"이제 마지막 딱 한 자리가 남아 있습니다!"

사회자의 말에 카메라는 삼촌과 김봉구의 얼굴을 번갈아 한 번씩 비추었다.

"왜 저렇게 삼촌을 짧게 보여 주는 거야? 설마 김봉구가 올라가는 거 아냐?"

가족들은 침을 꼴깍 삼켰다. 그때 카톡이 왔다.

아주야, 어떡해! 나강해라고 써야 하는데, 너강해라고 썼어!

고한솔!! 한 표가 얼마나 소중한데!

어휴, 이름을 잘 써야지!

설마 나 때문에 삼촌이 탈락하진 않겠지?

아주는 미간에 힘을 준 채 텔레비전에 시선을 고정시켰다. 할머니는 아예 눈을 질끈 감고 있었다. 사회자는 마이크를 꼭 쥔 채 카메라를 바라보며 말했다.

"이제 남은 자리는 50위뿐입니다. 지금 화면에 나강해, 김봉구 씨가 보이는데요. 두 사람은 같은 배역을 연기했습니다. 과연 두 도전자 중 마지막 진출자가 있을까요?"

긴장감을 고조시키는 음악 때문에 아주와 가족들의 입술이 바짝 말랐다. 카메라는 자꾸 삼촌과 김봉구를 번갈아 비춰주었다.

삼촌이냐 김봉구냐, 김봉구냐 삼촌이냐!

"〈내일은 내가 주인공〉! 오디션의 첫 번째 미션은 웹툰 원작 드라마 연기였습니다. 과연 어떤 배우가 시청자들에게 눈도장을 받았을까요? 다음 미션에서 도전을 이어갈 마지막 진출자는!"

아주와 가족들은 사회자가 같은 말을 계속 반복해서 답답했다.

"아이고, 답답해! 빨리 좀 발표하라고! 기다리다 숨넘어가겠다!"

할머니는 가슴 언저리를 자꾸만 쓸어내렸다.

"이제 도전자 중에서 딱 한 분만 다음 미션을 함께할 수 있습니다. 자신의 연기력을 시청자들에게 보여 줄 마지막 진출자는 누구일까요? 마지막 진출자인 50위는!"

가족 모두 침을 꼴깍꼴깍 삼켰다. 팀파니 소리가 점점 거세지더니 사회자가 이내 입을 뗐다.

"마지막 진출자인 50위는! 60초 후에 공개됩니다!"

그 말과 동시에 광고가 흘러나왔다.

"아우! 지금 뭐 하는 거야!"

모두 누가 먼저랄 것도 없이 소리를 꽥 질렀다.

"이렇게 중요한 순간에 왜 광고를 해요!"

아주는 분해서 제자리에서 방방 뛰었다.

"뒤가 궁금해야 다음까지 이어서 보잖아? 그래서 딱 그 시점에 광고를 넣는 거지."

"어휴, 꼭 재미있는 프로그램에 광고를 엄청 넣는다니까!"

할머니도 아주의 말에 맞장구를 쳤다.

"맞아. 트로트 프로그램에도 광고가 얼마나 많은지 몰라! 꼭 재밌는 순간에 끊어서 오래 기다리게 한다고."

"시청자가 많이 보는 프로그램에는 광고가 많아. 텔레비전에서 프로그램의 광고가 완판되었다는 말을 하곤 하잖아?"

아빠는 아무도 귀 기울여 듣지 않는데도 아랑곳하지 않고 계속 설명했다.

"지상파 프로그램의 방송 시간 중에서 10퍼센트 정도를 광고할 수 있거든. 그러니까 60분 드라마라면, 6분 정도의 광고를 할 수 있지. 광고 한 개가 보통 15초 정도니까, 60분짜리 프로그램 당 광고 24개를 넣을 수 있는 거지. 광고 시간이 전부 판매된다면 광고 수입도 그만큼 많이 생기고, 그 광고 수입이 프로그램 제작비가 되는 거야."

아빠가 광고에 대해 설명하는 동안 60초 광고가 끝나가고 있었다.

텔레비전 화면에는 삼촌과 도전자들이 초조해하는 모습이 보였다. 다시 긴장감이 흐르는 음악이 흘러나왔다.

"자, 이제 마지막 50위만 남겨 두고 있습니다."

사회자는 광고를 내보내기 전에 했던 말을 또다시 반복했다. 텔레비전 화면에는 삼촌의 모습과 김봉구의 모습이 보였다.

"아, 못 보겠어!"

아주는 두 손으로 눈을 가리는 것도 부족해서 할머니 뒤로 숨었다.

"연기는 삼촌이 훨씬 잘했는데……. 김봉구 아저씨는 진짜 로봇 연기였단 말이야."

아주는 이대로 삼촌이 떨어질까 걱정되어 눈물이 날 것 같았다. 김봉구는 1등을 차지한 강우혁 옆에 있었다. 그만큼 화면에 많이 나왔으니 인지도가 높아졌을 테고, 그러면 당연히 김봉구가 투표에서 이길 것이라는 생각이 들었다.

아주는 태어나서 처음으로 두 손 모아 기도했다.

'아, 제발! 우리 나강해 삼촌이 올라가게 해 주세요.'

마침내 사회자가 입을 열었다.

"다음 미션에서 도전을 이어갈 마지막 진출자인 50위는 바로……."

쿵쾅쿵쾅 울리던 팀파니 소리가 멈추고 고요해지더니, 마침내 사회자가 또랑또랑한 목소리로 외쳤다.

"50위는! 나강해 씨입니다!"

화면에 삼촌의 얼굴이 가득 찼다. 삼촌의 커다란 눈에 눈물이 맺혀 있었다. 삼촌은 두 손을 위로 들어 올린 채 울부짖었다.

"꺅! 만세다, 만세!"

가족 모두 자리에서 벌떡 일어나 펄쩍펄쩍 뛰었다. 할머니도 그 순간만큼은 십대 소녀 같았다.

쉬운 미디어 이야기 ④

소비자를 설득하는 미디어의 꽃, 광고

왜 광고를 하는 걸까?

어떤 상품이나 서비스에 대한 정보를 여러 매체를 통해 소비자에게 의도적으로 알리는 활동을 광고라고 해요. 광고는 많은 사람에게 정보를 전달하는 영향력 있는 미디어로, 소비자가 어떤 상품이나 서비스에 반응해서 '저건 꼭 사야 해'라고 생각할 수 있도록 설득하기 위해 만들어집니다.

광고는 신문, 잡지, 라디오, 텔레비전 등에 빠지지 않고 등장해요. 텔레비전을 틀면 프로그램 시작 전과 후에 광고가 등장하고, 프로그램 안에도 간접 광고가 나와요. 이뿐만 아니라 인터넷 화면에는 수많은 배너 광고가 걸려 있고, 유튜브에서는 영상 시작 전이나 중간에 광고를 봐야 다음 영상으로 넘어가기도 해요. 이렇게 우리는 눈만 돌리면 광고를 볼 수 있는 세상을 살고 있어요. 광고학자들은 현대인들이 하루에 600~3000개의 광고를 본다고 말했어요. 생각보다 훨씬 많지요?

프로그램 중간에 갑자기 등장하는 중간 광고

보통 프로그램이 시작하기 전이나 끝난 후에 광고가 나옵니다. 보통 광고는 방송 시간의 10퍼센트 이내에서 할 수 있는데, 광고 당 15초가 기본 단위라고 해요. 그런데 프로그램 시작 전이나 후에 광고가 나오는 것이 아니라 프로그램 중간에 광고가 나온 걸 본 적 있나요? 중요한 순간에 광고로 넘어가서 의아했던 경우도 있을 거예요. 보통 프로그램 전체에서 중간 광고는 1회, 1분 이내로 제한되어 있지만, 방송 시간에 따라 광고 횟수가 달라져요. 45분 이상이면 1회, 60분 이상이면 2회, 90분 이상이면 3회 중간 광고를 할 수 있어요. 지상파 방송에서 중간 광고는 스포츠와 문화 예술 행사처럼 중간에 휴식 또는 준비 시간이 필요한 프로그램에만 허용하고 있었어요. 하지만 광고 수익을 더 많이 얻기 위해서 프로그램을 1부와 2부로 분리해 중간에 광고를 넣는 편법을 써 광고를 하기도 해요. 1973년 방송법 개정으로 지상파 방송의 중간 광고가 금지되었지만, 제도 개선을 통해 중간 광고가 허용될 가능성이 높아지고 있어요. 그렇게 되면 지상파 프로그램 중간에 광고를 할 수 있게 된답니다.

프로그램 속 간접 광고

PPL(Product Placement)이라고 불리는 간접 광고는 필요한 위치에 제품을 갖다 놓는다는 뜻이에요. 보통 간접 광고는 기업이 영화나 텔레비전 프로그램에 제작비를 지원하고, 그 기업의 상품을 집중적으로 노출하는 형태로 이루어져요. 〈내일은 내가 주인공〉에 출연하는 나강해가 음료수 상표를 카메라 쪽으로 향하게 하고 음료수를 마시는 것처럼, 해당 기업의 상품만 노출되도록 하는 것이지요. 이러한 간접 광고는 기업이나 브랜드의 인지도를 높여 매출을 올

쉬운 미디어 이야기 ④

리는 데 기여하고 있어요. 유명한 프로그램에 상품이 지속적으로 노출되면, 그만큼 많은 소비자에게 상품이 오랫동안 노출되어 큰 광고 효과를 얻을 수 있기 때문이에요.

그렇지만 드라마의 내용과 전혀 관련 없는 상품이 나오거나 너무 노골적인 간접 광고는 소비자들의 눈살을 찌푸리게 만들 수 있어요. 해당 상품이 광고 상품이라는 것을 소비자가 인지하지 못하도록 자연스럽게 드러내야 광고 효과가 훨씬 크답니다.

나날이 발전하는 광고 마케팅

2019년 7월, 유명 키즈 유튜브 채널인 〈보람튜브〉의 한 달 광고 수익은 지상파 방송국의 한 달 광고 수익과 거의 비슷했다고 해요. 이미지 중심의 미디어가 영상 콘텐츠 위주로 바뀌면서 유튜브와 페이스북, 인스타그램 등에 들어가는 광고비가 점점 더 많아지고 있어요.

어떤 책을 사려고 인터넷 포털 사이트에서 검색한 후 다른 사이트에 접속하면 웹 페이지 주변에 해당 책 광고가 옆에 보이지요? 그건 자신도 모르는 사이에 인터넷 사용 내역 등 개인적인 정보가 수집된 거예요. 이뿐만 아니라 소셜 네트워크 서비스(SNS)에 개인 정보(성별, 나이, 지역, 관심사 등)를 설정해 두었다면, 이에 맞는 광고가 따라붙기도 하지요. 대표적인 SNS인 페이스북에는 광고주가 이용자의 개인 정보에 따라 고객이 될 수 있는 이용자를 선택해 광고할 수 있도록 하는 기능이 있어요. 광고주는 이 기능을 이용해 잠재 고객인 이용자에게 자신의 상품을 노출할 수 있고, 이용자는 자신이 미리 설정해 둔 관심사에 맞는 광고를 볼 수 있게 된답니다.

광고, 다 믿어도 될까?

광고는 소비자가 지갑을 열도록 유도하고 있어요. 그래서 상품의 효과를 실제보다 부풀려서 과대 광고를 하거나 허위 광고를 하기도 해요. 실제로 건강 보조 식품을 먹으면 질병 예방 또는 치료 효과가 있는 것처럼 과장하여 적발되는 사례도 늘어나고 있어요. 과대 광고가 이슈가 되면, 소비자가 환불을 주장하거나 상품평에 부정적인 의견을 남기기도 해요. 더 나아가 해당 기업의 제품이나 서비스에 대한 보이콧을 하기도 합니다. 소비자 한 사람으로 보면 작은 힘이지만, 이런 행동이 많아지면 기업이 소비자 의견에 귀 기울이게 하는 효과를 가져오기도 해요.

생각하기 & 토론하기

❶ 여러분도 프로그램 속 간접 광고를 보고 불편했던 적이 있나요? 간접 광고는 어디까지 허용해야 할까요?

❷ 광고를 보고, 과대 광고(또는 허위 광고)인지 어떻게 판단할 수 있을까요?

악마의 편집을
당하다니!

　다음 날 아침, 예솔이와 한솔이는 아주네 집으로 왔다. 삼촌의 다음 미션 진출을 돕기 위해 작전 회의를 하려고 온 것이었다. 그런데 예솔이는 나라 잃은 표정으로 들어오더니 눈물까지 흘렸다.
　"한솔아, 예솔이는 왜 우는 거야?"
　한솔이는 직접 들으라는 듯 예솔이 쪽으로 고갯짓을 했다. 예솔이는 방바닥에 털썩 주저앉아 훌쩍이며 말했다.
　"망했어!"
　"망하다니! 무슨 일인데?"
　"내가 어제 오후 6시에 우리 오빠들 음원이 나오자마자 음원 사이트에서 열심히 스밍을 했어. 뮤직비디오도 같이!"

아주는 예솔이가 하는 말이 무슨 뜻인지 이해가 안 갔다.

"스밍을 해? 그게 무슨 뜻이야?"

"인터넷에서 음성이나 동영상을 실시간으로 재생하는 걸 '스트리밍'이라고 하거든. 그걸 줄여서 '스밍'이라고 불러. 음원 사이트에서 음원이나 뮤직비디오를 스트리밍한다는 건 조회 수를 올려 준다든가, 음원 차트나 음악 방송 프로그램에서 순위에 올리는 걸 말하는 거지. 어쨌든 우리 블루트레인 오빠들이 음원 1위 할 수 있게 계속 스트리밍을 했단 말이야."

"그런데?"

"오늘 아침에 음원 성적이 나왔는데! 정말 처음 보는 가수가 1위인 거야! 우리 오빠들이 1위를 못했다고!"

예솔이는 아주에게 음원 사이트가 띄워진 스마트폰을 내밀었다.

"이거 봐 봐. 수박 차트."

"1위가 왕유명의 〈내 사랑은 수박을 타고〉? 가수도 처음 듣고, 노래도 처음 들어 봤는데?"

웬만한 가수라면 알 텐데, 아주는 한 번도 들어 보지 못한 가수의 한 번도 들어 보지 못한 노래였다.

"왕유명이라는 가수가 유명해? 난 생전 처음 듣는데?"

"그치? 나도 생전 처음 듣는 이름이야. 그런데 이 사람 때문에 블루트레인 오빠들이 2위를 했단 말이야."

"노래가 엄청 좋은가 보네?"

"아무리 좋더라도 한 번도 탑 100에 들지도 못하던 곡이 차트 진입하자마자 1위를 했어. 아이돌 가수처럼 팬덤이 큰 것도 아닌데 말이야. 이건 분명히 사재기가 틀림없어."

"사재기?"

"응. 중간 상인한테 돈을 주고, 특정한 가수의 특정 음원을 계속 재생하게 해서 높은 순위로 올라가도록 조작하는 걸 말하는 거야. 스마트폰 수백 대랑 음원 사이트 가계정, 불법 프로그램을 이용하면 음원 사재기를 할 수 있대."

"음원 사재기를 왜 해? 차트에서 1위 하려고?"

아주는 도무지 이해가 가지 않았다. 좋은 음악을 사람들이 많이 듣게 해서 정정당당하게 1위를 해야지, 조작으로 1위를 하는 게 뭐가 좋을까 싶었다. 그러자 예솔이는 한숨을 푹 쉬며 음원 사이트 탑 100 순위가 어떻게 결정되는지 설명하기 시작했다.

"사람들이 되게 웃긴 게 높은 순위에 있는 노래는 무조건 좋다고 생각한다니까. 사람들이 많이 들어서 순위가 높은 게 아니라, 거꾸로 1위를 한 노래가 좋다고 생각해서 듣는 사람들도 많다는 거지. 거리에 있는 상점에서는 음원 사이트 탑 100에 있는 노래를 반복해서 튼단 말이야. 탑 100 중 높은 순위인 노래는 스트리밍 횟수가 계속 올라가게 되고 오랫동안 상위권에 머물 수 있어. 그리고 그만큼 돈도 많이 벌지."

"그러니까 일단 음원 차트에서 1위를 하면 사람들에게 유명해지고, 돈도 벌 수 있으니까 음원 사재기를 해서라도 순위권에 들게 만들어서 돈을 번다, 이런 뜻이구나? 이건 정말 공정한 방법이 아닌 것 같은데?"

아주는 공정성을 이야기하다가 불현듯 오디션 경연 중인 삼촌이 떠올랐다.

"우리 삼촌한테도 그런 억울한 일이 생기면 어떡하지? 벌써 악마의 편집을 당한 것 같아서

걱정인데."

"그러면 절대 안 되지!"

한솔이가 갑자기 목소리를 높였다.

"우리가 누구냐? 나강해 팬클럽 너강해삵아! 우리는 삼촌의 상섬을 부각하는 방법으로 정정당당하게 삼촌을 응원하자!"

예솔이가 똘똘하게 말하자, 아주는 엄지손가락을 치켜세웠다.

"내가 생각을 좀 해봤는데 말이지. 삼촌의 연기에 배경 음악을 넣어서 영상을 만들어 보는 건 어때?"

이번에도 예솔이의 의견이었다.

"뮤직비디오를 말하는 거야?"

한솔이가 되물었다.

"맞아. 나강해를 위한 뮤직비디오! 싸이가 〈강남스타일〉 뮤직비디오 덕분에 세계적으로 유명해졌잖아. 전 세계 사람들이 뮤직비디오를 보고 재미있다고 퍼뜨리면서 미국에 진출하게 된 거고. 얼마 전에 방탄소년단 뮤직비디오는 유튜브 조회 수 12억 뷰를 달성했대."

"진짜? 뮤직비디오가 큰 역할을 했구나!"

아주도 놀라서 예솔이를 바라보았다. 예솔이는 언제 울었냐는 듯 흥분한 목소리로 말했다.

"그래! 혹시 알아? 우리가 나강해 삼촌을 싸이처럼 한류 스타로 만들 수 있을지!"

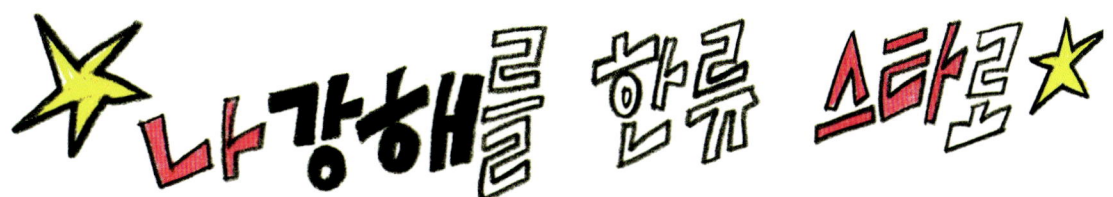

아주와 한솔이가 '오오!' 하면서 박수를 쳤다. 예솔이는 흥분한 듯 점점 말이 빨라졌고, 뮤직비디오 감독이라도 된 듯 상황을 일사천리로 지휘했다.

"나는 영상 편집을 할 줄 아니까 편집이랑 어울리는 음악을 고를게. 한솔이 너는 그림 좀 그려 줘, 알았지? 아주야, 너는 뭐 할 수 있어?"

"나는 삼촌에 대한 각종 사진과 영상 자료 제공 담당?"

그때 할머니가 문을 열더니 간식을 손에 들고 들어왔다.

"간식은 내 담당이지!"

할머니의 말에 아주와 친구들은 낄낄대면서 웃었다. 나강해 팬클럽 너강해 멤버들은 이미 한류 스타를 만들어 낸 것처럼 신이 났다.

아주는 앨범에 있는 삼촌의 어린 시절부터 지금까지의 일상 사진을 보여주었다.

"와, 이게 진짜 너희 삼촌이라고?"

볼이 통통하고 뽀얀 얼굴이 지금의 삼촌과는 영 달랐다. 포대기에 싸여 입을 벌리고 자는 귀여운 아기가 삼촌이라니! 아주도 사진을 볼 때마다 믿어지지 않았다.

"아, 너무 귀여워. 요즘 같았으면 랜 선 이모들에게 귀여움을 한 몸에 받았을 거야."

예솔이가 연거푸 촬영하면서 말했다.

나강해 팬클럽 너강해 멤버들은 나강해 배우를 위한 뮤직비디오를 만들 기대에 부풀었다.

그 시간, 50위로 첫 번째 미션을 통과한 삼촌은 두 번째 미션을 기다리고 있었다.

"50명의 도전자들이 벌일 다음 미션은!"

사회자는 흥분한 말투로 진행하기 시작했다. 사람들을 밀었다 끌어당기는 거침없는 말솜씨에 삼촌은 두 손을 불끈 쥐고 사회자의 말에 귀를 기울였다.

"배우는 작품마다 다른 캐릭터를 연기합니다. 그리고 그 연기 속에서 새로운 인생을 맛보는 즐거운 경험을 하게 됩니다. 이번 미션은 다른 직업의 세계를 얼마나 실감 나게 묘사할 수 있는지를 알아보는 메소드 연기입니다! 이번 미션은 개인전으로 펼쳐집니다!"

삼촌의 심장이 쿵쾅쿵쾅 뛰기 시작했다.

'메소드 연기?'

삼촌은 메소드 연기에 어느 정도 자신이 있었다. 왜냐하면 연극 무대에서 연기를 시작한 덕분에 극사실주의 기법인 메소드 연기법을 탄탄하게 익혔기 때문이다.

"태블릿 피시에서 번호를 선택하면 연기할 배역의 얼굴이 모니터에 뜰 것입니다."

그야말로 복불복이었다. 삼촌이 제일 못하는 건 노래여서 음악 쪽 직업이 나오지 않기만을 간절히 바랐다. 하지만 삼촌이 뽑은 배역은 유명한 록 보컬이었다.

"인기 록그룹 보컬?"

주변에 있던 도전자들은 삼촌과 어울리지 않는 역할을 뽑은 걸 보고 킥킥대며 웃었다.

다른 도전자들은 재벌 3세, 비서 실장, 외과 의사, 대학교수, 경찰, 군인, 환경미화원, 취업 준비생, 대학생 새내기, 막내 요리사 같은 역할을 맡았다.

'하, 난 둘째가라면 서러운 음치에 박치인데, 왜 하필 가수일까.'

삼촌은 걱정스러운 마음에 입이 바싹 말랐다. 그런데 지나가던 강우혁이 삼촌 옆에 바짝 서서 귓속말처럼 말했다.

"내가 바꿔 줄까? 나 노래 잘하는데!"

삼촌은 화가 치밀었다. 강우혁이 자꾸만 자신을 자극한다는 생각이 들었다. 역할을 바꾸자니, 이건 또 무슨 헛소리인가 싶어서 강우혁을 노려보았다.

"강우혁 씨! 그렇게 살지 마시죠! 저한테 자꾸 반말도 하지 말고요."

그런데 하필이면 삼촌의 그 말이 카메라에 담겼다. 강우혁은 딱 순간, 기다렸다는 듯이 카메라를 향해 침울한 표정을 지어 보였다. 삼촌에게 무시를 당하는 것처럼 보이도록 가짜 연기를 한 것이다. 강우혁은 연기력은 조금 떨어지지만, 얼굴이 잘생겨서 그런지 인기가 많았다. 게다가 삼촌에게 치이는 것처럼 보이는 악마의 편집 때문에 사람들의 안타까운 반응까지 얻었다.

삼촌은 이번 미션이 마지막 도전이 될 것 같다는 마음이 들었다.

'마지막이더라도, 최선을 다하는 거야. 후회 없게!'

삼촌은 짧은 시간이었지만 주어진 시간 동안 열심히 노래 연습을 했다. 너무 열심히 연습한 탓에 목이 다 쉬어 버렸고, 중간 점검을 하는 시간에는 목소리가 제대로 나오지 않을 지경이었다. 도전자들은 삼촌의 어깨를 두드려 주었다. 삼촌은 잘 나오지도 않는 쉰 목소리로 진짜 록 보컬처럼 혼신의 연기를 했다.

그리고 드디어 생방송 날이 되었다.

강우혁은 재벌 3세를 맡아 귀티 나는 외모에 멋진 의상까지 완벽하게 준비했다. 삼촌은 몸에 딱 맞는 가죽점퍼와 뾰족뾰족한 액세서리를 주렁주렁 착용했다. 이번 미션은 도전자들이 자신과 대결할 상대 도전자를 지목하는 형식으로 펼쳐지는 서바이벌 경연이었다. 사회자는 지난 미션에서 1위를 차지했던 강우혁을 가장 처음으로 불러냈다.

"강우혁 씨는 어떤 분과 경연하시겠습니까?"

그러자 강우혁은 활짝 웃으며 말했다.

"저는 나강해 씨와 경연하고 싶습니다."

그 시간, 아주네 집 거실은 북적거렸다. 할머니, 엄마, 아빠, 아주 그리고 예솔이와 한솔이까지 함께 모여 텔레비전을 보고 있었기 때문이었다. 이번 미션은 자신이 대결할 상대를 지목하는 일대일 경연 방식으로, 절반이 넘는 30명이 탈락하게 되어 있었다. 대결에서 이기더라도 투표 점수가 낮은 순위부터 탈락이라고 했다.

"삼촌은 누구랑 대결하지?"

아주는 프로그램이 시작되자마자 두 손을 모은 채 기다렸다. 그런데 지난 미션에서 1위를 한 강우혁이 삼촌과 경연하겠다고 하는 것이 아닌가!

"강우혁 진짜 웃기네. 어떻게 1위를 한 녀석이 50위하고 붙는다고 저러냐!"

할머니는 기가 막히다는 듯 한숨을 푹푹 쉬었다.

"맞아요. 진짜 약았어! 당연히 강우혁이 이길 거 아냐!"

아주도 입이 삐죽 나왔다.

"에이, 그래도 삼촌이 연기를 잘하니까. 조금만 기다려 봐요."

아주 엄마는 애써 가족을 달랬다. 그런데 사전에 촬영한 연습실 내용이 나오는 장면은 충격적이었다.
"강우혁 씨! 그렇게 살지 마!"
그다음으로 흘러나오는 영상은 강우혁이 슬픈 눈빛으로 주저앉아 있는 장면이었다. 마치 삼촌에게 한소리를 들어서 좌절한 듯한 표정이었다.

"아니, 강우혁한테 삼촌이 왜 저렇게 말했지?"

아주는 고개를 갸웃거렸다.

"자꾸 나강해 삼촌이 강우혁을 도발하는 것처럼 편집하네."

한솔이도 화가 난 듯 한마디했다.

"절대 그렇게 말할 애가 아닌데. 카메라가 돌아가고 있는데 설마 저런 말을 했을까."

할머니도 한숨을 푸욱 내쉬었다.

"이상해요. 아무래도 '그렇게 살지 마!' 뒤에 말이 더 있는 것 같은데 편집된 것 같아요."

예솔이는 편집의 기술을 조금 알아서 그런지 의심스러운 눈빛을 보냈다.

그때 화면이 바뀌면서 생방송 무대가 보였다. 그리고 도전자 중에 삼촌의 모습도 보였다.

"그런데 쟤는 옷을 왜 저렇게 입었지? 도대체 무슨 역할인거야?"

아빠가 의아하다는 듯 고개를 갸웃거렸다. 때마침 우리의 궁금증을 바로 풀어 주기라도 하듯 사회자가 이야기하기 시작했다.

"이번 미션은 주어진 배역에 맞는 메소드 연기입니다!"

그 말에 아주는 고개를 갸웃거렸다.

"삼촌은 무슨 배역이지?"

"복장을 보니까 록 가수같은데? 해골이랑 삼각형 모양 액세서리도 했잖아."

예솔이의 말을 듣고 보니 정말 그랬다. 텔레비전에서 보던 록 그룹의 보컬 같았다.

"망했다. 쟤 노래 진짜 못하잖아."

아주 아빠는 크게 탄식했다. 할머니도 눈을 감고 한숨을 몰아쉬었다. 하지만 아주 만큼은 좌절하지 않고 자리에서 벌떡 일어나서 말했다.

"끝날 때까지 끝난 게 아니라는 말이 있어요! 삼촌을 계속 응원해야 해요!"

아주네 가족과 팬클럽은 나강해 이름에 구령을 넣어 외쳤다.

"가자, 나강해! 가자, 나강해!"

어느새 삼촌의 무대가 시작되었다. 첫 소절부터 삼촌의 목 상태는 엉망이었다. 그렇지만 그런 쇳소리 덕분에 더 록 보컬 같아 보이기도 했다.

"파이어~! 어어어, 꺽!"

마지막 고음 부분에서는 음 이탈까지 나왔다. 삼촌의 노래는 전반적으로 훌륭하지 않았다. 그렇지만 아주와 가족들, 그리고 예솔이와 한솔이 모두 느끼고 있었다. 삼촌이 평소보다 노래를 훨씬 잘 불렀다는 것. 그리고 무엇보다 무대 매너는 최고였다는 것을.

 문자 투표까지 끝나고 결과 발표 시간이 돌아왔다.

 "아쉽지만 나강해 씨는 21위로 탈락입니다."

 사회자의 말과 동시에 삼촌의 우는 듯 웃는 표정이 화면에 잡혔다. 삼촌의 뮤직비디오를 완성하고 홍보하기도 전에 탈락한 것이 너무 아쉬웠다. 그렇지만 삼촌의 표정을 보면서 아주네 가족과 나강해 팬클럽 멤버들은 박자에 맞추어 한목소리로 외쳤다.

 "괜찮아! 괜찮아!"

쉬운 미디어 이야기 ⑤

듣는 노래를 보는 노래로 바꾼 뮤직비디오

뮤직비디오와 함께 세계로 뻗어가는 K-POP

케이팝(K-POP)은 한류를 이끄는 중심 콘텐츠라고 해도 과언이 아니에요. 2012년에 가수 싸이가 〈강남스타일〉을 발표하면서 함께 제작한 뮤직비디오는 불과 두 달 만에 유튜브 조회 수가 2억 7000만 회를 넘었고, 우리나라 대중음악 최초로 빌보드 차트 핫 100에서 7주 연속 2위를 기록하는 쾌거를 이루었지요. 가수 싸이를 시작으로 방탄소년단도 2020년에 〈다이너마이트〉로 빌보드 차트 핫 100에서 2주 연속 1위에 오르기도 했답니다. 이렇게 우리나라 가수가 엄청난 기록을 세울 수 있었던 큰 힘은 바로 뮤직비디오였습니다. 가수의 공식 유튜브 채널에 신곡 뮤직비디오가 올라오면, 우리나라 사람들뿐만 아니라 해외 팬들까지 영상을 보게 되면서 케이팝의 위상이 더욱 높아지게 된 것이지요.

이 노래가 정말 1위라고?

음원 사재기라는 말을 들어 보았나요? 얼마 전 어떤 가수의 음원 사재기 의혹이 제기되어 논란이 되었습니다. 음원 사재기는 주요 음원 사이트 실시간 차트에 높은 순위로 올라가기 위해 특정 음원을 반복해서 재생하는 것을 말해요. 기획사에서 소속 가수의 음원을 높은 순위에 올리려고 하는 이유 중 하나는 음원 판매 수익이 기획사로 들어가는 구조이기 때문이에요. 많은 전문가는 실시간 차트를 폐지하자고 주장하고 있어요. 미국 빌

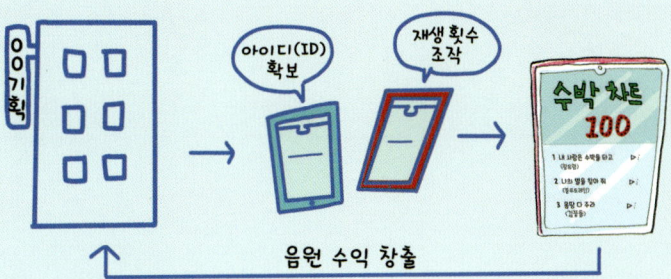

음원 사재기 과정

보드 차트의 경우, 일주일의 디지털 및 시디(CD) 싱글 판매량, 스트리밍 및 라디오 방송 횟수를 더해 일주일마다 순위를 정한다고 해요. 우리도 정정당당한 경쟁을 위해서 음원 순위 결정 방식의 변화가 필요하지 않을까요?

❶ 여러분이 보았던 뮤직비디오 중에서 가장 기억에 남는 것은 무엇이었고, 어떤 점이 좋았나요?

❷ 음원 사재기 현상에 대응하고, 정당한 경쟁을 위해 어떻게 음원 순위를 정하면 좋을까요?

삼촌 부활 프로젝트

"저 왔어요."

삼촌이 돌아왔다. 최종 순위 21위로 탈락하면서 합숙을 마치고 집으로 돌아온 것이다. 아주네 가족과 나강해 팬클럽 예솔이와 한솔이는 팻말까지 준비해 삼촌을 환영했다.

"장하다! 나강해!"

"멋있다! 나강해!"

"미소 천사! 나강해!"

연이어 구호를 외치자 삼촌은 쑥스러운지 머리를 긁적거렸다.

"아이, 탈락한 사람을 뭘 그렇게 환영해."

그러면서도 삼촌은 발그레한 채 기분 좋은 미소를 지으며, 머리를

긁적였다.

"삼촌, 그 합성 사진 봤어?"

"어떤 거?"

"〈외계 소년 또비〉에 나오는 박사랑 삼촌 얼굴 합성한 거."

그러자 삼촌의 눈이 빛났다.

"그거 제가 만든 거예요!"

예솔이가 가지런한 이를 드러내면서 환하게 웃었다.

"그거 편집은 내가 다 했거든!"

한솔이가 예솔이 옆구리를 팍 쳤다.

"진짜? 너희 응원 덕분에 첫 미션을 무사히 통과할 수 있었어. 어쩐지 그날 운이 너무 좋더라고. 마침 그 웹툰 올라오는 날이었고, 너희 댓글을 봐서 용기도 났어."

"어허! 웹툰 댓글에 합성 사진을 넣자는 건 내 의견이었거든!"

아주와 예솔이 그리고 한솔이가 서로 자기 덕분이라고 으스댔다. 삼촌은 어쩔 줄 몰라 하다가 이내 외쳤다.

"좋아. 삼촌이 너희한테 빙수 쏜다!"

나강해 팬클럽 멤버와 삼촌은 빙수 가게에 자리를 잡고 앉았다. 그런데 사람들이 자꾸만 삼촌을 쳐다보는 것 같았다.

"왜 자꾸 이쪽을 쳐다보지?"

예솔이가 소곤대며 말했다.

"이제 연예인이라서 알아보는 거겠죠!"

한솔이가 맞장구치듯 말했다.

"야, 우리 삼촌은 원래 연예인이었거든!"

아주가 받아치고는 걱정스럽다는 듯 말을 이었다.

"그런데 삼촌 이미지가 별로라서 그런가? 사인 받는 사람이 없네. 나쁜 역할 맡은 배우한테는 식당에서 아주머니들이 반찬도 잘 안 주고, 그렇게 살지 말라면서 등짝도 때린다던데."

아주가 삼촌에게 너무 확확 꽂히는 말을 한 탓인지, 삼촌의 얼굴이 벌게졌다.

"삼촌, 악마의 편집에 희생된 거 알아? 그래서 〈내일은 내가 주인공〉을 본 사람들이 삼촌 욕 엄청 많이 했어. 당분간 인터넷은 안 보는 게 좋을 거야."

"내가 그 정도였단 말이야? 난 별로 잘못한 것도 없는데."

그런데 옆자리 사람들이 갑자기 웅성거리면서 스마트폰을 들여다보았다. 간간이 〈내일은 내가 주인공〉이라는 말도 들렸다.

"왜 저러지? 그 프로그램에 무슨 사건이라도 생겼나?"

아주와 예솔이, 한솔이도 모두 스마트폰을 들어 연예 기사면을 클릭했다.

"어, 삼촌! 삼촌! 이거 봐!"

아주는 다급하게 삼촌을 불렀다.

"왜? 무슨 일인데?"

"강우혁이 학교 폭력 가해자래! 사실 〈내일은 내가 주인공〉 제작진이 강우혁은 착한 사람으로 편집하고 삼촌은 나쁜 사람으로 편집했어. 그래서 삼촌 계속 욕먹었단 말이야."

삼촌은 이해할 수 없다는 듯이 고개를 저었다.

"내가 강우혁 때문에 계속 욕을 먹었다고?"

방송을 제대로 못 본 삼촌은 어리둥절했다.

"응. 삼촌이 처음에 의자 안 뺏기려고 눈치 싸움해서 그때 사람들이 정말 많이 욕했어."

"맞아요, 욕심 많다고……. 잘생긴 강우혁이 불쌍하다고 얼마나 그랬는데요."

삼촌은 한숨을 푹 쉬었다.

"아, 그때! 내가 의자에서 일어나려고

했는데 바지가 터져서 일어날 수가 없었어."

"뭐야, 꼭 삼촌답네! 하하하."

아주가 의자 싸움의 전말을 듣고 웃자, 예솔이는 눈을 휘둥그레 뜨며 진지하게 말했다.

"지난번에 삼촌이 강우혁한테 '그렇게 살지 마'라고 해서 욕을 한 바가지 얻어먹었어요."

"응? 난 그런 적 없어. 자기랑 역할 바꾸자고 약을 올려서 '그렇게 살지 마시죠'라고 했단 말이야."

삼촌은 억울하다는 듯 한숨을 푹 내쉬었다.

"앞뒤 상황을 다 자르고 삼촌이 강우혁을 도발하는 것처럼 악마의 편집을 한 거네요!"

예솔이는 고개를 절레절레 흔들며 말을 이었다.

"강우혁이 옛날에 사용하던 SNS 내용이 인터넷에 떴어요. 기사를 읽어 보니까 심각한데요? 얼굴이 잘생겨서 호감이 가긴 했는데, 사람 겉모습만 보고는 진짜 모르는 건가 봐요. SNS가 쓰레기통이 따로 없어요."

"이런 말이 있잖아. SNS는 인생의 낭비다!"

삼촌의 말에 아주는 고개를 갸웃거리면서 물었다.

"왜 인생의 낭비라는 거지?"

"사람들은 다른 사람들이랑 친해지려고 SNS 활동을 활발하게 하잖아. 아는 사람이 많아지고 사람들에게 관심받게 되는 걸 즐기지. 게다가 뭔가 홍보할 일이 있다면 많은 사람이 빠르게 볼 수 있도록 알리는 데 큰 도움이 돼. 하지만 이렇게 편리한 도구에는 늘 장점과 단점이 함께 있는 것 같아. 그래서 양날의 검이라고들 하지."

아주는 SNS를 떠올려 보았다. 친구의 아이디만 알면 메신저로 이야기할 수 있고, 사진이나 글을 게시하는 플랫폼을 통해서는 얼굴 한 번 본 적 없는 사람과도 친구가 될 수 있었다. 엄마나 아빠도 멀리 사는 동창들과 직접 만나지 않고도 단톡방에서 매일매일 일상 이야기를 나눌 수 있어서 편하다고 했다. 그렇지만 부모님은 아주에게 조심하라고도 말했다. 엄마 아빠는 SNS를 재미있게 활용하면서 왜 자기만 조심하라고 하는 것인지 아주는 늘 궁금했다. 그런데 철없을 때의 잘못된 행동이 SNS에 한번 노출되면 오랫동안 남아 있는 것을 보니 늘 조심해야 한다는 말이 조금 이해가 되었다.

"SNS에 강우혁에 대한 또 다른 증언들이 계속 올라오고 있어."

강우혁이 과거에 저질렀던 또 다른 나쁜 짓과 여러 증언까지 SNS에 급속도로 퍼져나갔다. 신인 감독과 작정하고 싸워서 영화 제작이 흐지부지되었고, 그 바람에 감독이 몇 년 동안 힘든 생활을 했다는 이야기도 그중 하나였다.

"SNS는 타임머신 같아. SNS에 남겼던 과거가 현재를 망치고 있는 것 같네."

한솔이는 연이어 올라온 기사들을 훑어보며 말했다.

"그런데 정말 이상해. 고등학생 때 술 담배를 한 걸 남들 다 보는데다가 버젓이 올린 이유가 뭘까? 이 일이 언젠가 밝혀질 수 있다는 걸 생각하지 못했을까?"

"그런 걸 올리면 멋있게 보일 거라고만 생각했겠지."

한솔이의 물음에 예솔이도 이해할 수 없다는 듯 대답했다.

"오, 속보다! 강우혁이 〈내일은 내가 주인공〉에서 퇴출된대."

그러자 모두 눈이 동그래졌다.

"그런데 20위까지 뽑았는데 한 명이 빠졌으면 21위를 다음 미션으로 올려줘야 하는 거 아냐?"

아주가 삼촌을 바라보며 물었다. 한솔이와 예솔이도 당연한 일이라면서 맞장구를 쳤다.

"에이, 그게 말처럼 쉬운 일인가."

삼촌이 고개를 저으면서 너털웃음을 터뜨리자 예솔이가 똘똘하게 말했다.

"그럼 우리는 SNS의 장점만 이용해서 '삼촌 부활 프로젝트'를 진행해 보자. 21위로 탈락했는데 억울하잖아!"

"삼촌에게 재도전할 기회를 달라는 프로젝트 말하는 거야?"

"맞아! 삼촌이 연기하는 짧은 영상에 해시태그로 홍보하는 거지."

이번에는 아주가 아이디어를 냈다.

"해시태그로 홍보를?"

한솔이는 계속 예솔이와 내가 하는 말을 메아리처럼 따라 했다.

"일단 프로그램명으로 해시태그를 달고, '나강해 부활 운동'이라고 티를 내는 해시태그 몇 개를 달아서 유행하게 만드는 거야."

아주가 또박또박 설명하자 삼촌은 고개를 갸웃거리며 물었다.

"그런데 얘들아, 너희가 그런 걸 할 수 있다고?"

"삼촌이 말했잖아. 같은 도구라도 좋게 사용하면 된다고. 우리는 SNS를 밥 먹듯이 쓰니까 잘 아는 만큼 훌륭하게 활용할 수 있지!"

나강해 팬클럽 멤버가 거의 동시에 자리에서 벌떡 일어났다.

"삼촌, 위기는 곧 기회라고 했잖아. 삼촌은 나강해 팬클럽 너강해를 믿어 보시라고!"

아주가 또랑또랑하게 말하자 삼촌은 머쓱한지 머리만 긁적였다. 5분 만에 해시태그 문구를 각자 하나씩 내놓았다.

#내일은내가주인공 #착한남자나강해 #아까운21위
#나강해부활프로젝트

"어때? 해시태그 괜찮지?"

삼촌은 양손으로 손가락 하트를 척 들어 보였다. 이번에는 한솔이와 예솔이가 삼촌의 활약을 담은 영상을 찾아 바로 간략하게 편집했다. 그동안 아주는 외모파 강우혁과 대결했다가 억울하게 21위가 된 실력파 삼촌을 구제해 달라는 내용을 짧은 글로 잘 정리했다.

"이제 SNS에 올려 보자!"

너강해 팬클럽은 삼촌을 홍보하기 위해 틈틈이 만들어 두었던 뮤직비디오도 함께 연달아 올렸다. 빙수 가게에서 한 시간 만에 성사된 나강해 삼촌 부활 운동은 해시태그를 타고 빠르게 퍼져나갔다.

쉬운 미디어 이야기 ⑥

SNS로 소통하며 정보를 나누는 세상

SNS가 뭐지?

SNS는 소셜 네트워크 서비스(Social Network Service)의 줄임말이에요. 온라인 공간에서 공통 관심사를 공유하고 다양한 활동을 하기 위한 사람들이 자신을 드러내고 정보를 교환하며, 대인 관계를 맺을 수 있도록 해 주는 서비스지요. 한마디로 사람들과 정보를 쉽고 빠르게 공유하며 소통할 수 있는 공간이에요. 우리나라의 SNS 이용률은 2019년에 약 47.7 퍼센트로, 2011년 첫 조사 이후 SNS 이용률이 꾸준히 상승했어요. 우리가 많이 이용하는 페이스북, 트위터, 인스타그램, 유튜브, 블로그 등은 SNS 이용자들이 대인 관계망을 넓힐 수 있는 플랫폼이라고 생각하면 된답니다.

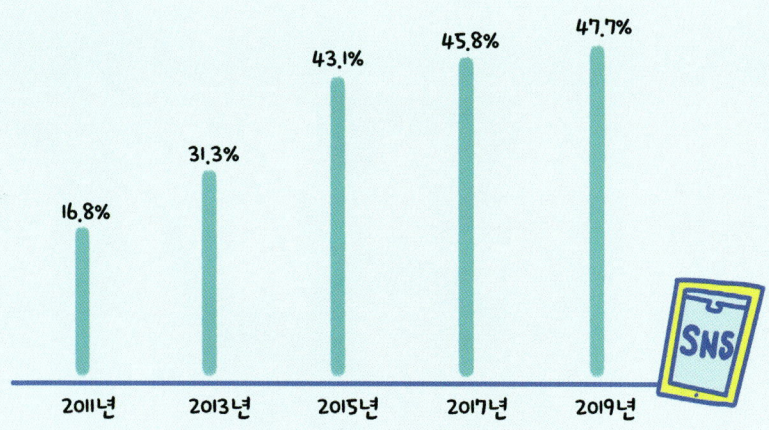

우리나라의 SNS 이용률 추이(정보통신정책연구원, 2020)

SNS로 뭘 하지?

늦은 시간까지 스마트폰으로 글과 사진, 영상 등을 올리면서 사람들과 대화하는 친구들을 본 적 있지요? 이렇게 소셜 미디어에서는 친구를 많이 만날 수 있어요. 자신과 친구를 맺은(또는 구독한) 다른 이용자들과 소통하며 네트워크 범위를 넓힐 수 있는 것이지요. 친구가 많다는 것은 친구(팔로워, 구독자) 맺기 기능을 통해 인맥 네트워크를 확대하는 것인데, 그들이 올리는 게시물을 보면서 공감하기도 하고 즐거움을 느끼기도 하며, 다양한 정보를 얻기도 해요. 궁금한 것을 질문해 실시간으로 답변을 받을 수도 있고요.

이외에 SNS를 통해 광고 효과를 얻을 수도 있어요. SNS에 자신의 상품을 올리고 홍보하는 것인데, 이런 방식은 상점의 규모에 크게 관련이 없고, 적은 비용으로 쉽게 이용할 수 있다는 장점이 있어요. 또한 신문이나 방송을 거치지 않더라도 SNS를 통해 의견을 표현할 수 있고, SNS 상에 토론의 장이 형성될 수도 있답니다.

SNS를 하면 행복하기만 할까?

SNS 활동을 활발하게 하면 삶이 더 행복할까요? 다른 사람의 SNS를 보면 나만 빼고 다른 사람들은 모두 행복한 것처럼 보이는 경우가 많아요. 멋진 곳으로 여행을 가고, 사고 싶은 물건도 마음껏 사는 것처럼 보이지

쉬운 미디어 이야기 ⑥

요. 그래서 상대적 박탈감을 느낀다고 말하는 사람도 있어요.

실제로 2019년에 미국 한 대학의 연구진이 발표한 '소셜 미디어의 복지 효과'라는 논문에서 페이스북 이용과 행복감의 상관관계에 관한 연구를 했어요. 연구진은 하루 평균 한 시간 이상 페이스북을 하는 이용자 2844명을 대상으로 한 달 동안 계정을 비활성화하도록 하고, 문자 메시지를 통해 실시간으로 기분을 평가하도록 했어요. 연구에 참여한 이용자 대부분은 주변 사람들과 오프라인에서 더 많은 시간을 보낼 수 있었다고 답했고, SNS를 열심히 사용하던 때보다 삶의 만족도와 행복감이 높아졌다는 연구 결과를 얻을 수 있었답니다.

어떤 도구든 과하게 사용하면 화를 부를 수 있어요. SNS가 우리 삶에 가져다주는 장점이 많은 만큼, 바르게 사용하는 것이 우리의 몸과 마음을 건강하게 지킬 수 있지 않을까요?

SNS의 그림자

SNS에서 가장 문제가 되는 것은 개인 정보 유출과 사이버 폭력이에요. 각종 소셜 미디어에 올라온 자신의 정보가 범죄에 이용될 수도 있다는 것이지요. 실제로 미국에서는 SNS에 휴가 계획을 올렸던 사람들을 표적으로 한 범죄가 일어나기도 했어요. 스스로 올렸던 개인 정보가 범죄의 대상이 된다고 생각하면, 신중하게 SNS를 이용해야겠다는 생각이 들기도 해요. 개인 정보 보호에 항상 유의해 자신의 정보를 타인에게 절대 노출하지 않도록 조심해야 합니다.

또한 단톡방은 집단 따돌림과 언어 폭력 등 사이버 폭력에 노출될 수 있는 위험이 큰 공간이에요. 단톡방은 상대적으로 접근하기 쉽고, 정보를 쉽고 빠르게 전달할 수 있어서 정보가 외부로 빠르게 확산될 수 있어요. 그래서 친구들 사이에서는 집단 따돌림이나 언어폭력이 일어나곤 해요. 사이버 폭력은 현실에서의 폭력과 전혀 다르지 않다는 점을 반드시 기억하고, 언제나 조심해야 해요. 누구나 쉽게 들어갈 수 있는 오픈 채팅방에서 모르는 사람이 접근할 때는 여러분이 범죄의 대상이 될 수 있다는 점도 명심해야 해요.

생각하기 & 토론하기

❶ 나강해 팬클럽 너강해 회원들이 SNS를 통해서 삼촌을 어떻게 홍보하였나요?

❷ 〈내일은 나도 주인공〉에서 1등을 하던 강우혁은 SNS에 남긴 과거의 사진들 때문에 퇴출되고 마는데요. 이를 통해 우리가 SNS를 사용할 때 어떤 점을 조심해야 할까요?

'구독'과 '좋아요'는 필수

"얘들아, 너희가 올린 영상 때문에 내 스마트폰 지금 불났어."

삼촌은 어리둥절한 표정으로 헛웃음을 치며 말했다. SNS를 타고 삼촌 부활 프로젝트가 퍼져나가자, 연락이 뜸했던 삼촌의 지인들까지 연락해 온 것이다.

안타깝게도 21위 부활 프로젝트는 성공하지 못했다. 톱3 중에서도 가장 막강한 우승 후보였던 강우혁이 프로그램에서 하차한 후, 그와 견줄 만한 라이벌 구도가 없어졌다. 그래서인지 프로그램 주목도가 크게 떨어졌고 남은 미션도 싱겁게 진행되었다.

"에이, 진작 삼촌을 부활시켰어야지. 그러면 인기가 그렇게까지 떨어지진 않았을 텐데!"

아주의 말을 들은 예솔이와 한솔이도 고개를 끄덕였다.

"얘들아, 삼촌은 괜찮아."

삼촌은 웃으며 얼버무렸지만, 이쯤에서 멈출 나강해 팬클럽 너강해 멤버가 아니었다.

"이번 기회에 삼촌에 대한 오해를 싹 다 날릴 수 있는 영상을 또 퍼뜨리자. 삼촌, 아예 유튜브 공식 채널을 만드는 거 어때?"

아주가 삼촌과 팬클럽 멤버를 바라보며 말했다.

"맞아, 삼촌은 유명한 배우가 될 사람인데, 당연히 유튜브 공식 채널은 있어야지요!"

"공식 채널?"

"네. 유튜브 공식 채널이요!"

아주와 한솔이는 서로 의견이 통했다고 신나게 손바닥을 마주쳤다. 웬일로 아무 대꾸 없이 조용히 있던 예솔이가 내 스마트폰을 쭉 내밀었다.

"쇠뿔도 단김에 빼랬지? 자!"

"뭐야, 너 내 스마트폰은 언제 가져갔었어?"

아주는 예솔이가 내민 스마트폰 속 화면을 바라보았다.

"배우 나강해의 유튜브 공식 채널? 뭐야, 벌써?"

아주는 삼촌에게도 스마트폰을 보여주었다. 예솔이가 스마트폰이라는 도깨비 방망이를 뿅 치자, 작은 방송국이 뚝딱 만들어진 것이다.

"배우 나강해의 유튜브 공식 채널? 지금 만들었다고?"

삼촌은 어리둥절한 눈빛으로 아주의 말을 따라 했다.

"어휴, 삼촌도 참. 이렇게 뭘 몰라서 되겠어? 우리에게는 유튜브가 곧 텔레비전이자 포털 사이트야. 어른들은 궁금한 것을 포털 사이트에서 검색하지만, 우리는 유튜브에서도 검색해."

아주가 찬찬히 설명했고, 예솔이가 거들며 말했다.

"제일 편리한 건 영상 하나를 보면, 그 영상과 관련된 영상이 끝없이 이어진다는 거예요. 내가 많이 보는 콘텐츠에 맞게 스스로 관심사를 파악해서 좋아할 만한 영상도 추천해 주고요. 콘텐츠가 아주 무궁무진해요."

"아, 그건 알아. 바로 빅데이터 효과지!"

이번에는 삼촌이 눈을 반짝이며 대꾸했다.

"맞아요, 빅데이터. 어쨌든 2019년에는 한 달 평균 전 세계 유튜브 이용자가 19억 명이었대요. 19년에 19억 명이라서 똑똑하게 기억해요."

"전 세계 인구가 70억 명이니까, 19억 명이면 이 세상 사람 서너 명 중에 한 명은 유튜브를 본다는 거네."

삼촌은 눈을 요리조리 굴리다가 활짝 웃었다.

"그래! 고맙다. 구독자 십만 명 모아서 실버 버튼, 아니 백만 명 모아서 골드 버튼으로 가자!"

삼촌이 당차게 말하자 예솔이와 한솔이는 이미 유튜브 스타를 만들어 낸 것처럼 주먹을 꼭 쥐고 입술을 꽉 깨물며 기대에 찬 표정을 지었다. 아주가 이 말을 하기 전까지 말이다.

"그런데 어떤 콘텐츠를 올리지?"

너강해 멤버는 유튜브를 만들자고 했을 뿐 정작 어떤 콘텐츠를 올리겠다는 계획이 없었고 의논도 하지 않은 것이다.

한솔이는 아주 좋은 생각이라도 난 듯 침을 튀기며 말했다.

"좀 자극적인 걸 올려 볼까? 그래야 시선을 확 끌어서 구독자도 많아지고, 좋아요 수도 늘지."

하지만 삼촌은 고개를 저었다.

"그건 안 돼. 바이러스에 감염된 것처럼 거짓 영상을 올린 유튜버가 구속된 거 알지? 그런 가짜 뉴스나 자극적인 영상들 때문에 유튜브가 엉망진창이 되는 거야."

삼촌이 얼굴까지 벌게지며 손사래를 쳤다.

"유튜브를 보다 보면 이게 정말 진짜일까 의심이 드는 콘텐츠가 많아. 돈을 훔치는 몰래 카메라를 꾸민다든가, 장난감 차를 끌고 고속도로를 운전한다든가, 혐오스러운 음식을 거의 고문하듯 꾸역꾸역 먹는 영상들도 문제가 됐잖아."

삼촌은 아이들에게 유튜브에서 문제가 된 점들에 대해서 차근차근 이야기했다.

"맞아요. 얼마 전에는 협찬 받은 제품을 자기 돈 내고 샀다고 속여 온 유튜버도 있었잖아요. 그래서 지금은 그 채널 구독자들이 구독 취소도 많이 했대요."

예솔이도 유튜브에서 벌어진 크고 작은 사건들에 대해 목소리 높여 이야기했다.

"어떻게 하면 유튜브의 장점만 이용해서 우리 나강해 배우의 유튜브 공식 채널을 멋지게 만들 수 있을까?"

아주가 심각하게 고민하자 삼촌이 나지막이 말했다.

"음, 진짜 내 모습 그대로 편안하고 친근감 있는 콘텐츠를 만들면 좋겠어. 그게 진짜 나니까. 그리고 그 누구도 속이지 않고, 그 누구에게도 상처 주지 않는 유튜브 채널이었으면 좋겠어."

드라마 대사 같은 삼촌의 말에 나강해 팬클럽 멤버의 눈이 반짝반짝 빛났다.

"진짜 삼촌의 모습이라고 하니까 생각이 났어. 〈내일은 내가 주인공〉에서 제일 속상했던 게 삼촌이 악마의 편집을 당한 거였어."

아주가 삼촌의 말에 맞장구를 치며 공감했다.

"맞아. 삼촌이 일부러 기싸움을 한 게 아니라 바지가 찢어져서 못 일어난 거라며."

"게다가 깃발 잡을 때도 일부러 밀친 게 아니었잖아!"

"그리고 방송국 사람들이 왜곡되게 편집도 했다며."

"아, 그리고 간접 광고도 하기 싫었는데 꼭 하라고 했다면서!"

"맞아. 나 허스키한 목소리 만든다고 목구멍 긁는 연습하느라 성대 망가지는 줄 알았어."

나강해 팬클럽 멤버와 삼촌은 억울하다는 듯이 저마다 한마디씩 목소리를 높였다. 하지만 이런 진실은 방송에 비춰지지 않았고, 오히려 삼촌을 나쁜 사람으로 만들었다.

"좋아, 나 진짜 좋은 아이디어가 떠올랐어!"

아주와 한솔이 그리고 삼촌은 예솔이의 말에 귀를 기울였다.

"삼촌에 대한 오해를 갖게 했던 게 악마의 편집이잖아? 이걸 거꾸로 한 '천사의 편집'을 콘셉트로 잡아 보는 거야!"

"천사의 편집?"

삼촌의 눈이 휘둥그레졌다.

"일부러 의자에서 싸운 게 아니라 바지가 찢어져서 못 일어난 것이라는 편집을 해 올리는 거야. 잘 보던 웹툰에 삼촌의 팬이 달아 준 댓글을 보고 깃발을 꼭 붙잡고 싶었다는 것, 음치에 박치지만 열심히 연습해서 배역에 맞는 허스키한 목소리로 노래 무대를 연기했다는 것을 알리는 거지."

"좋았어!"

나강해 팬클럽은 〈내일은 내가 주인공〉에서 편집된 내용을 추가해 천사의 편집이라는 콘텐츠를 만들어 유튜브 채널에 올렸다. 그리고 유튜브 채널에 올린 영상들을 SNS로 공유해서 많은 사람이 볼 수 있도록 적극적으로 홍보했다.

그런데 이상한 일은 그때부터 시작되었다. 유머 커뮤니티에 입은 웃고 있지만, 눈은 울고 있는 삼촌의 표정을 합성한 사진이 많이 올라오고 있었던 것이다. 처음에는 우스꽝스럽다는 댓글이 많았다. 하지만 그렇게 웃음거리로 보던 사람들이 삼촌의 공식 유튜브 채널까지 찾아와서 '좋아요' 버튼을 눌렀고, 채널을 구독하는 사람들도 늘어난 것이다.

"구독자가 천 명이 넘었어! 매일 늘어나고 있어!"

구독자와 좋아요 수가 늘어갈수록 나강해 팬클럽은 한껏 신이 났고, 그럴수록 더 즐겁게 삼촌의 콘텐츠를 개발해 냈다. 삼촌의 유튜브 채널이 인기를 얻기 위해서는 성실하게 콘텐츠를 올리는 것이 필요하다는 조언을 들었기 때문이었다.

그리고 나강해 팬클럽 너강해 멤버는 각자 맡은 역할에 따라 영상을 제작했다. 드라마에서 배우에게 업혀 자는 아기 때의 삼촌의 영상물과 삼촌이 어린 시절 분유 광고를 했던 것들도 차례차례 유튜브 채널에 올렸다. 특히 사람들의 호기심을 일으킬 만한 섬네일을 정했다.

그 시절 삼촌의 얼굴을 기억하는 사람들이 의외로 많았다. '반갑다, 귀엽다, 오랜만이다'라는 댓글이 많이 올라왔고, 그 시절의 삼촌을 잘 몰랐던 사람들은 삼촌의 과거에 댓글로 놀라움을 표현했다.

아이디**** 2021.02.28 14:23:20

와. 어떻게 이 얼굴이 그 얼굴임?

아이디**** 2021.02.28 14:36:12

원조 랜 선 조카 맞다. 정말 귀엽다!

"우아, 이 영상이 인기 동영상으로 올라갔어!"

그 영상은 특히 사람들의 관심을 끌어 구독자 수와 조회 수가 폭발적으로 느는 계기가 되었다. 인터넷 연예 뉴스 면 〈라이징 스타〉 코너에 삼촌과 관련된 기사가 올라올 정도였다. 너강해 멤버는 인기 동영상에 삼촌의 영상을 올리기 위해서 계속 새롭고 재미있는 영상물을 만들었다. 과거의 얼굴과 현재의 얼굴을 비교해서 닮은 구석을 찾아보는 〈틀린 그림 찾기〉 콘텐츠도 사람들의 관심을 받았다.

"삼촌의 일상을 담은 브이로그를 찍어보는 건 어떨까요? 사람들은 그런 소탈한 모습도 좋아하니까요."

아이돌 덕후 예솔이 다운 제안이었다. 그래서 나강해 팬클럽 멤버는 삼촌이 편의점에서 일하는 브이로그도 촬영했다. 연기 연습을 하면서도 짬을 내 편의점에서 일하는 삼촌의 성실한 모습과 주변 사람들의 미담까지 곁들이니 '천사의 편집'이라는 콘셉트에 걸맞았다. 섬네일에는 사람들의 호기심을 끌 수 있도록 '우리 동네 편의점 알바는 연예인?'이라고 문구를 넣었다.

아이디**** 2021.03.03 09:23:06

이야, 코믹한 표정 좋고~ 완전 친절! 편의점 어디냐? 623 21

아이디**** 2021.03.03 09:31:45

어! 이분은 혹시 <내일은 내가 주인공> 나강해?

욕심 많다고 악플 많던데. 이런 반전 매력이! 516 6

그리고 정말 놀라운 일은 그 영상이 올라가고 정확히 사흘 뒤에 일어났다.

 GG24편의점 공식 채널　　　　　2021.03.06 16:15:02

알 수 없는 유튜브 알고리즘이 저를 여기까지 데리고 왔네요. 나강해 배우님의 활약은 이미 오디션 프로그램에서 지켜보았습니다. 그리고 나강해 배우님의 공식 유튜브를 채널을 통해 진실된 모습을 보게 되었습니다. 이번에 저희 편의점에서 일하시면서 꿈을 키우고 있다는 브이로그도 큰 감동으로 다가왔습니다. 그래서 꿈을 간직한 이들을 응원한다는 콘셉트로 저희 편의점 광고 출연을 부탁드리고 싶습니다.

"이게 무슨 말이지?"

아주는 아침에 일어나서 영상의 댓글들을 살펴보다가 눈이 휘둥그레졌다.

"삼촌! 삼촌! 할머니, 아빠, 엄마! 다 나와 봐요! 전부 다! 얼른!"

아주는 가족들을 모두 불러냈다.

"아휴, 무슨 일인데 아침부터 이렇게 소란스럽냐?"

아주네 가족들은 거실로 모였다.

그때 초인종이 울렸다.

"이 아침에 누구지?"

문을 열어 보았더니 나강해 팬클럽 예솔이와 한솔이였다. 아주네 가족들 모두 눈이 휘둥그레졌다.

"너희까지 이 아침에 무슨 일이야?"

할머니는 놀라서 아이들을 쳐다보았다. 아주와 아이들은 스마트폰을 손에 든 채 킥킥 웃어대기만 했다.

"도대체 무슨 일인데?"

삼촌도 답답한지 눈만 동그랗게 뜨고 고개를 갸우뚱했다.

"이 영상에 달린 댓글 좀 보시라고요. GG24편의점 공식 채널에서 댓글을 달았어요!"

"GG24? 우리 편의점 본사 말하는 거야? 그런데 무슨 댓글?"

나강해 팬클럽 멤버는 삼촌에게 스마트폰을 내밀었다.

"한번 크게 읽어 보세요."

"알 수 없는 유튜브 알고리즘이 저를 여기까지 데리고 왔네요."

"알고 뭐? 뭘 알아?"

할머니는 무슨 말인가 싶어 고개를 갸웃했다.

"알고리즘요. 알고리즘은 한마디로 내가 관심 있는 주제를 유튜브 인공 지능(AI)이 선별해서 추천해주는 걸 말하는 거예요. GG24 편의점이니까 GG24 편의점과 관련된 영상을 찾다가 알고리즘이 삼촌의 이 영상을 엮어준 거라고요!"

아주가 흥분해서 큰 소리로 말하는 바람에 얼굴까지 벌게졌다.

"삼촌, 그다음을 읽어 봐, 빨리!"

아주는 삼촌을 재촉했다. 그러자 삼촌은 다시 댓글을 읽어 내려가기 시작했다.

"나강해 배우님의 활약은 이미 오디션 프로그램에서 지켜보았습니다. 그리고 나강해 배우님의 공식 유튜브 채널을 통해 진실된 모습을 보게 되었습니다. 이번에 저희 편의점에서 일하시면서 꿈을 키우고 있다는 브이로그도 큰 감동으로 다가왔습니다. 그래서 꿈을 간직한 이들을 응원한다는 콘셉트로 저희 편의점 광고 출연을 부탁드리고 싶습니다……?"

삼촌은 댓글을 읽다가 점점 목소리가 높아졌다. 삼촌은 어리둥절한 눈빛으로 가족들과 팬클럽 멤버를 쳐다보았다.

"잠깐만, 그러면 유튜브 채널에 올린 영상 덕분에 유튜브 알고리즘이 GG24 편의점 관계자에게 이 영상을 연결해 준 거고, 이 영상을 보고 나를 광고 모델로 섭외하려고 댓글을 달았단 거지?"

"맞아! 삼촌을 GG24 편의점에서 광고 모델로 쓰고 싶대!"

그 순간, 아주네 가족과 팬클럽 멤버는 꺅 소리를 질렀다.

"우아! 진짜 이게 무슨 일이야?"

삼촌은 웃다가 눈물까지 찔끔 흘렸다.

"이게 전부 우리 가족들과 팬클럽 멤버 덕분입니다!"

"아이고, 유튜브가 신통방통하네? 감사합니다. 이 녀석이 이제야 뭔가가 되려나 봅니다. 아이고 감사합니다, 유튜브 님."

할머니가 스마트폰을 보고 고개를 숙여대는 모습이 재미있으면서도 뭉클했다.

"나강혜 여사님, 저 정말 멋진 배우 나강해가 될게요!"

"삼촌, 짱! 진짜 짱!"

"삼촌은 마음 놓고 연기만 하세요! 홍보는 저희가 미디어로 팍팍해 드릴 테니까요!"

"아무렴! 우리 나강해 팬클럽만 믿으라니깐!"

할머니의 말씀에 모두 웃음이 터졌다.

"아, 우리도 나강해 팬클럽 가입할게!"

아주 엄마와 아빠도 서로 먼저 가입하겠다고 손을 드는 통에 모두 배를 잡고 웃었다.

　아주는 삼촌을 보면서 많은 것을 느꼈다. 도전하려는 의지와 열정이 있다면, 꿈을 이룰 수 있다는 건강한 생각을 하게 되었다. 그리고 마음속으로 작은 소망을 하나 품었다. 미래의 자신에게 멋진 모습을 선물하기 위해서 오늘 주어진 하루를 소중하게 보내겠다고.

쉬운 미디어 이야기 ⑦

나를 방송하는 유튜브

유튜브로 돈을 번다고?

유튜브가 처음 만들어지면서 걸었던 캐치프레이즈는 바로 '당신을 방송하라!'였어요. 텔레비전 프로그램과 다르게 스마트폰으로 뚝딱 방송국을 만들어 자신만의 콘텐츠를 방송하지요. 우리나라의 83퍼센트가 매일 유튜브를 본다는 말이 있듯이 유튜브는 우리 일상생활에 깊게 들어와 있답니다.

얼마 전 구독자 수 천만 명이 넘는 키즈 크리에이터 유튜브 채널이 큰 수익을 벌어들이며 화제로 떠올랐어요. 유튜브 구독자 수와 수익은 어떤 관계가 있을까요? 왜 유튜브 크리에이터가 영상 마지막에 '많이 구독해 주세요! 좋아요를 눌러 주세요!'라고 하는 걸까요?

사람들이 어떤 채널의 구독하기 버튼을 누르면 그 채널의 영상을 모아서 볼 수 있어요. 새 동영상이 올라오면 알림도 해주고요. 구독하지 않고 영상을 보는 사람은 일회성으로 영상을 보는 경우가 대부분이지만, 채널을 구독한 사람은 지속적인 관심을 가지고 그 채널에 다시 찾아온답니다.

유튜브 채널은 구독자가 많고, 사람들이 머무른 시간이 많아질수록 광고 수익이 올라가요. 유튜브를 보다가 광고를 본 적 있지요? 어떤 영상의 조회 수가 많아지면, 광고주는 그 영상에 자신의 광고를 넣으려고 해요. 그래서 많은 사람이 광고를 볼 수 있도록 하지요. 이 광고 수익이 바로 크리에이터의 수입 중 하나가 되는 거예요.

유튜브 영상을 보는 것은 무료지만, 영상을 만드는 데에는 많은 시간과 비용이 들어가요. 우리는 그 영상을 무료로 보는 대신, 영상의 처음과 중간에 광고를 보는 것이랍니다.

이 영상을 어떻게 추천하는 거야?

유튜브에는 알고리즘이라는 기능이 있어요. 유튜브로 관심 있는 콘텐츠가 담긴 영상을 지속적으로 보면, 나도 모르는 사이에 유사한 영상을

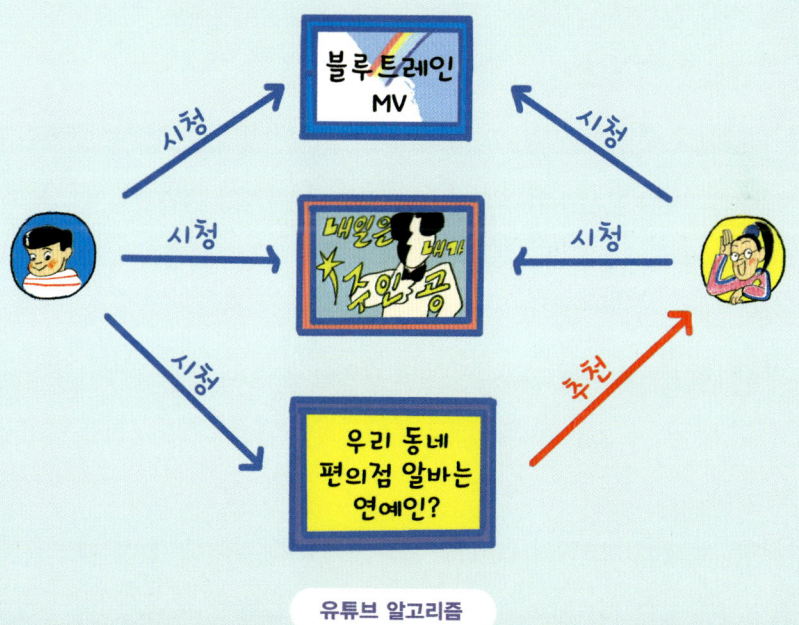

유튜브 알고리즘

쉬운 미디어 이야기 ⑦

계속 추천해주는 것이지요. 유튜브의 알고리즘은 내가 본 영상과 유사한 콘텐츠를 추천해 즐거운 영상을 연이어 볼 수 있게 도와준답니다. 하지만 알고리즘은 정보 편식으로 인해 자신에게 유리한 정보만 선택적으로 수용하게 해서 필터링된 정보에 갇히게 하기도 해요. 가짜 뉴스를 전하는 영상을 계속 보면, 알고리즘이 가짜 뉴스 쪽으로 영상을 추천해서 편향된 정보만 흡수할 가능성이 커지게 되는 것처럼 말이에요. 나와 다른 생각을 하는 사람들이 주장하는 내용을 경청하지 않고 자기주장만 내세운다면, 갈등을 유발할 수 있어요.

문제적 콘텐츠의 양산

가짜 뉴스의 통로가 되고 있는 유튜브, 차별이나 혐오 표현을 보여주는 유튜브, 자극적인 영상을 보여주는 유튜브, 저작권을 위반하게 만드는 유튜브. 이렇듯 사람들의 눈살을 찌푸리게 하는 나쁜 콘텐츠가 많은 이유는 이 영상으로 수익을 얻을 수 있기 때문이에요. 앞서 말했듯 유튜브 크리에이터는 조회 수에 비례해서 광고 수익을 얻어요. 관심을 많이 받을수록 수익을 많이 얻을 수 있기 때문에 자극적인 영상으로 이용자를 붙잡는 것이지요.

이런 문제를 해결하기 위해 유튜브에서는 자체적으로 가이드라인을 만들어서 운영한다고 해요. 혐오스럽고 유해한 콘텐츠, 폭력적이고 선정적인 콘텐츠 등을 제재 대상으로 삼고 있지요. 가이드라인을 어긴 채널은 수익을 내지 못하도록 조치하고 있고, 심각하다고 판단하면 해당 유튜버의 채널 및 영상을 삭제하지요. 그렇지만 이렇게 한다고 해도 눈살을 찌푸리게 하는 나쁜 콘텐츠는 여전히 많이 있어요. 그 이유는 유튜브의 가이드라인이 느슨한 면도 있지만, 콘텐츠의 양이 워낙 많기 때문에 일일이 검열하는 것이 어렵기 때문이라고 해요.

그렇다면 유튜브 콘텐츠에 제한을 두는 법을 제정하면 문제가 사라질까요? 그리고 어떤 콘텐츠를 처벌할 지, 그 기준은 누가 어떻게 정할 수 있을까요? 유튜브 콘텐츠를 규제하는 데에는 극복해야 할 여러 문제가 있기 때문에 충분한 논의를 통해 방법을 찾아야 해요. 또한 미디어를 접하는 우리는 미디어 리터러시 교육을 통해서 미디어를 바라보는 비판적 사고 능력을 키워야 합니다.

❶ 협찬을 받았으면서 자기가 직접 구매해 사용한 것처럼 꾸민 유튜브 크리에이터의 뒷 광고가 문제가 되었습니다. 뒷 광고는 어떤 점이 문제일까요?

❷ 유튜브 콘텐츠를 법적으로 규제해야 할까요? 만약 그렇게 한다면 어떤 어려움이 있을까요?

스토리텔링 가치토론 교과서 ⓺
어린이를 위한 미디어란 무엇인가

1판 1쇄 발행 | 2021. 2. 25.
1판 2쇄 발행 | 2021. 6. 28.

제성은 글 | 한지선 그림

발행처 김영사 | **발행인** 고세규
편집 정수연 | **디자인** 윤소라 | **마케팅** 서영호 | **홍보** 박은경 길보경
등록번호 제 406-2003-036호 | **등록일자** 1979. 5. 17.
주소 경기도 파주시 문발로 197 (우10881)
전화 마케팅부 031-955-3100 | **편집부** 031-955-3113~20 | **팩스** 031-955-3111

ⓒ 2021 제성은, 한지선
이 책의 저작권은 저자에게 있습니다. 저자와 출판사의 허락 없이 내용의 일부를
인용하거나 발췌하는 것을 금합니다.

값은 표지에 있습니다.
ISBN 978-89-349-9040-6 74810
     978-89-349-6095-9 (세트)

좋은 독자가 좋은 책을 만듭니다. 김영사는 독자 여러분의 의견에 항상 귀 기울이고 있습니다.
전자우편 book@gimmyoung.com | 홈페이지 www.gimmyoungjr.com

어린이제품 안전특별법에 의한 표시사항
제품명 도서 **제조년월일** 2021년 6월 28일 **제조사명** 김영사 **주소** 10881 경기도 파주시 문발로 197
전화번호 031-955-3100 **제조국명** 대한민국 ⚠**주의** 책 모서리에 찍히거나 책장에 베이지 않게 조심하세요.